VOUS AIMEZ VOS PROCHES?

LAISSEZ-LEUR

DES

LISTES !

CATHERINE RAHAL
WENDY MOENIG

VOUS AIMEZ VOS PROCHES? LAISSEZ-LEUR DES LISTES!
Un guide pour faciliter les discussions délicates et mettre de l'ordre dans vos affaires

1ère édition octobre 2021

2ème édition juillet 2022
Publié par catherinerahal.com

Traduction : Pierre Fauteux
Collaborateur et conception graphique: Wendy Moenig
Révision linguistique : Claude Charland, Chantal Bouthat
Photographie: photos de Wendy Moenig et Catherine Rahal
par Robin Andrew de Unposed Photography, Carleton Place, ON

Avis de non-responsabilité

Les idées et opinions exprimées dans ce livre sont celles de l'auteure. L'intention de l'auteure est de fournir de l'information et des conseils utiles sur les sujets abordés et de motiver les lecteurs. Ce livre est publié et vendu sous réserve que l'auteure ne s'engage aucunement à fournir quelque conseil psychologique, médical, juridique ou quelque autre type de conseil à titre personnel ou professionnel. Le choix de l'auteure d'inclure certains contenus dans ce livre n'offre aucune garantie, expresse ou implicite. L'auteure n'est pas responsable des dommages physiques, psychologiques, émotionnels, financiers ou commerciaux, y compris, mais sans s'y limiter, les dommages particuliers, accessoires, consécutifs ou autres. Le lecteur est responsable de ses propres choix, actions et résultats.

ISBN: 978-1-7781988-1-6

VOUS AIMEZ VOS PROCHES?

LAISSEZ-LEUR

DES

LISTES !

Dédicace

Ce livre est dédié à
mes fils, Jamal et Hakim, et à leur père, le regretté Salah-Eddine

Table des matières

Introduction 7

PREMIÈRE PARTIE
Pourquoi ce livre ? 9

DEUXIÈME PARTIE
Attitudes et sentiments 13

TROISIÈME PARTIE
Établir sa feuille de route (gérer ses affaires) 17

1. Personnes 18

2. Paperasse 24

3. Argent 28

4. Empreinte numérique 34

5. Biens, objets et legs 40

6. Dernières volontés 44

QUATRIÈME PARTIE
Formulaires 47

Références 95

Quelques définitions 96

Remerciements 97

Biographie de l'auteure et de la
Graphiste/collaboratrice 99
   Catherine Rahal
   Wendy Moenig

Introduction

Quand mon mari est décédé dans un accident d'avion sur une ligne commerciale en 1983, des litiges s'ensuivirent et, finalement, un règlement financier substantiel. À 33 ans, encore jeune et naïve, et traumatisée par la perte de mon conjoint, j'ai fait confiance à la mauvaise personne et j'ai presque tout perdu. C'est ce qui m'a incitée à devenir conseillère financière en 1991, d'abord en assurance vie pour passer rapidement à la gestion de placements. Pendant plus de 25 ans, j'ai conseillé mes clients selon le principe qu'aucun d'entre eux ne devrait souffrir financièrement comme j'avais souffert.

Je me suis également efforcée d'aborder certaines discussions que l'on préfère généralement éviter, notamment celles qui touchent l'assurance, l'invalidité, la vieillesse et la mort. Je suis toujours étonnée de voir que tant de gens refusent de parler d'assurance vie ou de testament. Bien sûr, personne ne veut penser à sa mort; elle est pourtant inévitable. En cas d'incapacité permanente ou de décès, il sera beaucoup plus facile pour nos représentants de respecter nos volontés s'ils ont les renseignements nécessaires à portée de main.

Lorsqu'on atteint un certain âge, on parle souvent des nombreux problèmes de santé et de mémoire qui affligent nos parents, de même que des difficultés qu'ils peuvent parfois éprouver avec leurs aidants ; en tant qu'enfants adultes, on se demande comment faire pour gérer simultanément les soins à prodiguer à nos propres enfants et à nos parents âgés, un emploi à temps plein et nos propres problèmes de santé. Il n'existe pas de baguette magique qui puisse nous aider. En vieillissant, on finit par prendre plusieurs décisions en « mode d'urgence », souvent à la suite d'un problème de santé ou d'un accident, comme une chute. Il devient alors évident que vivre seul comporte certains risques.

Beaucoup de gens continuent à croire qu'ils finiront leurs jours chez eux. Je ne compte plus le nombre de fois où l'on m'a dit : « Je ne quitterai cette maison qu'à la mort ». Hélas, nous n'aurons pas tous la chance de conserver toutes nos capacités physiques et mentales en fin de vie.

J'ai agi comme procureur, mandataire et liquidatrice (ainsi nommé au Québec, mais appelé exécutrice testamentaire ailleurs) pour une vieille amie atteinte de démence. Cette expérience m'a inspiré énormément de respect pour celles et ceux qui agissent à titre d'aidant, de procureur, de liquidateur ou de mandataire en soins de santé auprès des personnes qui ne sont plus en mesure de gérer leur vie.

Au cours de la dernière année de vie de mon père, ma mère m'a formellement interdit d'aborder avec lui quelque sujet concernant sa mort et sa succession. Au décès de mon père, j'ai insisté pour qu'on aborde ces sujets délicats et ce fut plutôt utile. Cependant, lorsque j'ai remarqué chez ma mère un début de déclin cognitif et tandis qu'elle était tou-jours légalement apte à signer, j'ai veillé à ce que son testament et ses documents de procuration soient à jour. Ma mère possédait une maison sans hypothèque mais elle n'avait pas les liquidités nécessaires pour couvrir toutes ses dépenses, y inclus tous ses frais de santé. J'ai donc fait évaluer sa maison et j'ai amorcé des recherches sur les résidences pour aînés.

Au fil des ans, j'avais discrètement enregistré les conversations avec ma mère lorsqu'elle me racontait sa vie de demi-juive à Berlin avant, pendant et après la Seconde Guerre mondiale. Nous avons tous un héritage historique à léguer à nos enfants et il faut le faire avant qu'il ne soit trop tard. Si vous avez des histoires à raconter, écrivez-les ou enregistrez-les, même si ça ne semble pas toujours intéresser vos enfants.

De plus, ce n'est pas parce que je crois savoir ce qui doit être pris en considération en ce qui concerne ma « fin de vie » que ma famille sera nécessairement d'accord avec moi. Même si mes enfants tolèrent mes opinions et divagations, je dois quand même tout coucher sur le papier.

Mon expérience et mes rapports avec mes clients m'ont appris que plusieurs d'entre nous planifient leur mariage, l'achat de leurs maisons, leur famille, leurs vacances, leur retraite — tout sauf leur vieillesse. Il faut que cela change. Personne ne peut prédire l'avenir mais il nous incombe d'établir les lignes directrices de nos dernières volontés. Nous devons rassembler tous les renseignements qui seront nécessaires à nos représentants désignés afin qu'ils puissent agir en notre nom, en cas d'incapacité ou de décès. De plus, il serait utile de faire une recherche sur les résidences pour aînés, au cas où cela deviendrait nécessaire.

PREMIÈRE PARTIE

Pourquoi ce livre ?

Pourquoi ce livre?

En vieillissant, notre plus grande crainte est la perte de contrôle sur notre corps et nos facultés — la chair nous trahit et l'esprit peut perdre de sa lucidité. Un carnet testamentaire est un bon moyen d'exercer un certain contrôle sur la façon dont se déroulera le dernier chapitre de notre vie. La mise en place de lignes directrices permettra à nos représentants de contacter les personnes-ressources nécessaires et contribuera à réduire notre anxiété si notre vie passait soudainement en «mode de crise». Plusieurs d'entre nous auront prévu assurances et testaments ainsi que mandats et procurations pour les soins de santé et les services financiers, mais ça ne s'arrête pas là.

Le but de ce livre est de vous aider à planifier une feuille de route ou un carnet testamentaire qui servira de guide à ceux qui vous représenteront — que ce soit votre procureur, votre mandataire ou vos mandataires médicaux et financiers, et éventuellement votre liquidateur (exécuteur testamentaire).

Ce livre est divisé en sections : «Attitudes et sentiments», «Personnes», «Paperasse», «Argent», «Empreinte numérique», «Biens et objets» et «Dernières volontés». Chacune propose une liste d'éléments d'information à inscrire dans votre carnet ; vous complétez chaque section selon vos préférences. Vous n'êtes pas propriétaire d'une entreprise? Ignorez cette section. Vous n'avez pas d'investissements? N'inscrivez rien. Remplissez votre carnet de manière à bien définir qui vous êtes.

Ce livre n'offre aucun conseil sur ce que vous devez déclarer dans votre testament ni sur la personne à nommer comme liquidateur (exécuteur testamentaire); il ne contient aucun conseil sur la façon d'investir ni de disposer de vos biens et objets (il offre néanmoins quelques suggestions sur ce dernier sujet). Ce livre traite avant tout de ce que vous devez prévoir et, particulièrement, de la façon de mettre par écrit tous les renseignements nécessaires à ceux qui devront vous représenter en cas d'incapacité ou de décès.

Vous pouvez créer le type de carnet que vous désirez, mais demandez plutôt à votre procureur, mandataire, ou liquidateur (qui pourrait être la même personne) quel format il ou elle préférerait. Par exemple, dans mon cas, j'ai opté pour une version papier et une version électronique sur clé USB.

Vous pouvez utiliser un cahier, un cartable, une feuille de calcul Excel ou un document Word, ou les pages prévues à cet effet à la fin de ce livre.

Allez-y selon vos préférences. Si vous décidez de l'écrire à la main, faites-le à l'encre (sauf pour les mots de passe qui changent régulièrement) et d'une main bien lisible. Mon écriture est plutôt du type «pattes de mouche», alors je ne demanderais à personne d'essayer de me relire, d'autant plus que mon carnet servira probablement lorsque je serai incapable d'exprimer mes volontés de vive voix.

Une autre forme de document, bien que non définitive, pourrait être une vidéo dans laquelle vous clarifieriez oralement vos volontés telles que consignées dans vos documents juridiques. Il est bien sûr beaucoup plus facile pour vos représentants de consulter vos renseignements sous forme écrite ou numérique que de visionner toute une vidéo; toutefois, votre déclaration ainsi enregistrée pourrait leur être utile (en plus de permettre à vos proches de vous voir et de vous entendre une dernière fois). Une vidéo ne remplace pas un document juridique, une procuration ou un mandat de protection. Elle peut cependant confirmer que vous étiez sain d'esprit au moment de signer votre testament. Certains recommandent même d'enregistrer la signature du testament en vidéo.

Le carnet que vous allez préparer sera (ou devrait être) la collection la plus complète de vos renseignements personnels et vous devez le conserver en lieu sûr. Les copies papier ou les clés USB protégées par des mots de passe, utilisés uniquement au besoin, sont les plus utiles quand on les conserve dans un lieu sûr et qu'on les vérifie régulièrement. Les lecteurs de données, quoique plus faciles à utiliser, peuvent cesser de fonctionner et il serait bon de prévoir en plus une copie papier. Le papier peut être copié mais ne peut pas être piraté en ligne. Si vous utilisez une clé USB, assurez-vous de confier votre mot de passe à au moins un de vos représentants. Il est fortement recommandé d'en faire une copie de sauvegarde et de la conserver ailleurs qu'à votre domicile, de préférence chez l'un de vos représentants.

Assurez-vous de réviser votre document de temps en temps et de le mettre à jour, si nécessaire. Notez la date des mises à jour afin d'avoir toujours la dernière version.

Initialement, j'envisageais de stocker mes données en ligne par abonnement, mais j'ai décidé de ne pas le faire par souci de sécurité. Plusieurs utilisent régulièrement les services bancaires en ligne en toute confiance, et certains d'entre nous ont une empreinte numérique relativement importante, mais je crains qu'aucun répertoire en ligne ne soit à l'épreuve du piratage.

Comme les choses peuvent changer, il serait judicieux de réviser le contenu de votre cartable, cahier ou clé USB annuellement et d'y apporter les corrections nécessaires. Songez au nombre de fois que vous vous êtes inscrit sur un site en ligne avec un nom d'utilisateur et un mot de passe! Votre empreinte numérique est beaucoup plus grande que vous ne le croyez et tous ces renseignements doivent être notés (incluant les questions et les réponses de sécurité) et, au besoin, révisés dans votre carnet. Il pourrait être utile de conserver vos noms d'utilisateur et vos mots de passe sur une page séparée qui pourra facilement être mise à jour. Lorsque vous révisez ce document, assurez-vous de détruire les versions précédentes pour éviter toute confusion.

Vous pourriez inviter vos représentants à participer à la préparation de votre carnet. Cela leur permettrait de se familiariser avec la marche à suivre que vous aurez adoptée. Il n'est pas obligatoire de leur divulguer le contenu de votre testament (c'est à vous d'en décider), mais vous devez au moins vous assurer qu'ils savent où trouver votre carnet.

Chaque carnet testamentaire est unique. La manière dont vous l'organiserez dépendra de ce qui est le plus pratique pour vous et pour vos représentants. Ce livre est un guide qui, je l'espère, vous aidera à réfléchir à l'ensemble de votre vie et aux mesures à prendre, le moment venu.

DEUXIÈME PARTIE

Attitudes et sentiments

Faire des changements

Prendre sa retraite
Activités de loisirs
Nouveaux projets

Estime *de* soi

Ne vous laissez pas
intimider par la famille
ou par les experts.

Un deuxième avis
peut être utile

Pertinence

Rester connecté
Rester engagé

Activités

Passe-temps
Travail bénévole
Clubs

Changements *de* santé

Rester actif

Changements dans les capacités

Renoncer aux clés
de la voiture
Accepter de l'aide

ATTITUDES & S
PERSONNES
EMPREINTE NUMÉRIQUE
BIENS, OBJETS ET LEGS
DERNIÈRES VOLONTÉS • ATTITU
ATTITUDES & SENTIMENTS • PE
UDES & SENTIMENTS • PERSONNES • PAPER
PERSONNES • PAPERASSE • ARGENT • EMPR
ARGENT • EMPREINTE NUMÉRIQUE • BIENS, OE
RASSE • ARGENT • EMPREINTE NUMÉRIQUE • BIE
BJETS ET LEGS • DERNIÈRES VOLONTÉS • ATTITUDE
OBJETS ET LEGS • DERNIÈRES VOLONTÉS • AT
DERNIÈRES VOLONTÉS • ATTITUDES & SEN
ERNIÈRES VOLONTÉS • ATTITUDES & SENTIM
TIMENTS • PERSONNES • PAPERASSE • ARGE
SONNES • PAPERASSE • ARGENT • EMPREII
NTE NUMÉRIQUE • BIENS, OB
EMPREINTE NUMÉRIQUE • BIE
JETS ET LEGS • DERNIÈRES VOLONTÉS • AT
S ET LEGS • DERNIÈRES VOLONTÉS • ATTITUDES & SENTIME
ERNIÈRES VOLONTÉS • ATTITUDES & SENTIMENTS • PERSONNES • P.
PERSONNES • PAPERASSE • PERSONNES • EMPREINTE NUMÉRIQUE • BIE
PAPERASSE • ARGENT • EMPREINTE NUMÉRIQUE • BIENS, OBJETS ET LEGS • DE

Notre vie comporte plusieurs étapes importantes — les premiers mots et les premiers pas, le premier jour d'école, le premier amour, l'éducation et l'obtention de diplômes, les changements de carrière, le mariage, les enfants et les petits-enfants, la perte d'un conjoint causée par un décès ou par un divorce, la retraite et, inévitablement, le dernier souffle.

Il n'est pas toujours facile de parler de nos dernières années. En effet, si nous planifions notre mariage, notre famille, nos emplois, nos vacances, etc., nous ne planifions pas toujours notre vieillesse de la même façon — sauf pour épargner en prévision de nos vieux jours. Même les gens que nous estimons bien nantis peuvent avoir du mal à gérer ce processus de planification.

Nous craignons tous de perdre le contrôle de notre corps, nos facultés et nos finances. Certains changements peuvent être favorables, mais certains sont pénibles — comme devoir renoncer aux clés de sa voiture, accepter de l'aide à domicile, composer avec une santé défaillante… ou devoir quitter son domicile. Plusieurs maintiennent qu'ils pourront rester à la maison jusqu'à la fin de leurs jours, mais c'est souvent impossible.

Les malaises émotionnels affectent également toute la famille. Les enfants refusent souvent d'aborder les sujets de fin de vie — autant que les parents, qui, eux, hésitent à partager leurs renseignements personnels. Les frères et sœurs ne sont pas toujours d'accord sur les soins requis pour un parent malade ou atteint de démence — l'un peut croire que les soins à domicile sont indiqués, tandis que l'autre insiste sur la garde en résidence pour aînés. Les disputes concernant l'argent et les biens après le décès d'un parent peuvent engendrer du ressentiment et des divergences d'opinions. La dynamique qui s'est établie entre frères et sœurs — datant souvent de l'enfance — peut également avoir une réelle incidence sur ces choix cruciaux.

Il est important que tous vos proches soient sur la même longueur d'onde. Le fait de rassembler vos «enfants adultes» pour leur faire connaître vos dernières volontés peut souvent permettre d'éviter d'éventuels conflits après votre décès. D'après mon expérience et celle des experts que j'ai consultés, les désaccords, ou pire, l'amertume, le ressentiment et la méfiance entre frères et sœurs sont parmi les principales causes de discorde dans le règlement d'une succession.

Notez que l'intervention de divers conjoints peut également poser problème — les conjoints des enfants bénéficiaires, ou les conjoints du défunt qui ne sont pas les parents des enfants, peuvent exprimer des opinions et avoir des revendications qui pourraient entraîner des disputes au moment de régler une succession. Si vous pressentez que vos enfants n'agiront pas dans leur intérêt mutuel en votre absence, assurez-vous d'en tenir compte lors du choix de vos représentants.

Lorsque vous planifiez une discussion familiale, songez à faire appel à un tiers impartial pour faciliter ce qui pourrait devenir une discussion laborieuse. Une personne extérieure bien informée et compatissante peut exercer une influence apaisante si jamais les choses se corsent.

Les changements de vie

La transition du travail à la retraite amène son lot d'interrogations sur notre raison d'être et notre rôle dans la société. Pour plusieurs, cela peut devenir une expérience très productive et se traduire par de nouveaux amis, des projets enrichissants et de nouvelles occasions de travail, tant rémunéré que bénévole.

C'est parfois à cette période de la vie que nous constatons que nous n'avons pas les moyens d'arrêter de travailler. Si vos seules sources de revenus sont des prestations gouvernementales (Régime des rentes du Québec ou Régime de pensions du Canada, Sécurité de la vieillesse et Supplément de revenu garanti, ou encore, la Sécurité Sociale aux États-Unis), vos options sont assez limitées. Le loyer peut à lui seul absorber la plus grande partie de votre revenu mensuel, laissant peu d'argent pour les besoins de la vie quotidienne, comme la nourriture et les médicaments, les abonnements aux services de télévision ou à Internet, et les services essentiels pour ceux et celles qui vivent avec un handicap, une maladie ou une mobilité réduite. Un changement de vie soudain peut aussi avoir de lourdes conséquences psychologiques.

Il sera également plus difficile de trouver du travail, même à temps partiel. On devient en quelque sorte moins « visible ». La société embauche de préférence les plus jeunes ; et même s'il est agréable de se faire offrir un siège dans l'autobus, ça peut devenir agaçant à la longue ! Avec le temps, les professionnels commencent à parler directement à nos « enfants » même lorsque nous sommes présents et parfaitement capables de répondre à leurs questions. Cette situation s'accentue si nous vivons avec des handicaps visibles comme des difficultés à marcher, à entendre, à voir ou à parler.

De nombreuses organisations et initiatives peuvent nous aider à naviguer à travers le troisième âge, mais elles sont parfois difficiles à trouver ; le partage des ressources – logement, transport, préparation de repas et prestation informelle de soins en sont des exemples. Or, il ne semble pas y avoir aucun guichet unique qui rassemble toute l'information et tous les contacts dont nous pourrions avoir besoin malgré certains efforts en ce sens.

Surmonter l'obstacle psychologique que représente la planification de la vieillesse s'apparente à la souscription d'une police d'assurance. Vous la choisissez, vous la mettez à jour de temps en temps, puis vous l'oubliez jusqu'au jour où vous en avez besoin. Ici aussi, on ne peut prévoir toutes les

Il arrive parfois que de nombreux décès surviennent dans notre entourage immédiat au cours d'une même année. Dans mon cas, deux de mes clients, tous deux veufs, sont décédés la même année. Chacun avait deux enfants adultes, et dans les deux cas, frères et sœurs ne s'entendaient tout simplement pas. Par conséquent, le règlement des successions a été beaucoup plus difficile qu'il ne le fallait, d'autant plus que, dans chaque cas, un seul des deux enfants était le liquidateur (exécuteur testamentaire) désigné. Des discussions et une meilleure communication entre les membres de la famille auraient pu faciliter les choses. La perte d'un parent bien-aimé est déjà assez pénible sans qu'un conflit entre frères et sœurs vienne envenimer les relations. De nombreuses familles ont vécu ce genre de conflit, mais ont trouvé le moyen, finalement, de s'entendre.

Lorsque vous planifiez une discussion familiale, songez à faire appel à un tiers impartial pour faciliter ce qui pourrait devenir une discussion laborieuse. Une personne extérieure bien informée et compatissante peut exercer une influence apaisante si jamais les choses se corsent.

éventualités. L'établissement de lignes directrices générales et surtout d'une liste des renseignements destinés à vos représentants leur permettront de gérer vos affaires; vous offrirez de la sorte une certaine tranquillité d'esprit à toutes les personnes concernées. Il n'y a pas plus beau cadeau, pour vous comme pour ceux que vous quitterez, que ce carnet testamentaire. Assurez-vous que vos représentants sachent où trouver le vôtre.

Conservez votre dignité ! Revendiquez vos droits et ne vous laissez pas intimider par votre famille, des professionnels ou des relations bien intentionnées. Ce qui convient à votre voisin ou à votre meilleur ami ne vous convient pas nécessairement. Connaissez vos limites et respectez-les. Demandez un deuxième avis si vous croyez que cela vous sera utile. N'hésitez pas à poser des questions, même celles qui peuvent paraître bêtes — c'est la seule façon d'obtenir des réponses. N'hésitez pas non plus à répéter vos questions lorsque vous avez besoin de précisions.

Ne vous gênez surtout pas pour demander de l'aide. Si vous avez été autonome toute votre vie, demander de l'aide pourrait engendrer chez vous un sentiment d'impuissance. Courage! Faites ce que vous pouvez et acceptez avec reconnaissance l'aide dont vous avez besoin. En ce qui concerne votre argent, veillez à choisir une personne de confiance comme mandataire ou du moins, quelqu'un ayant des compétences professionnelles et une assurance responsabilité civile. Si vous optez pour un service professionnel, obtenez des références complètes sur la personne visée avant de lui confier votre argent et vos renseignements personnels.

Si vous êtes celui ou celle qui gère les finances familiales, instruisez votre partenaire ou vos enfants pour qu'ils puissent prendre la relève. Si vous n'êtes pas celui ou celle qui gère les finances, vous devrez apprendre à le faire.

Planifiez bien votre carnet, non seulement pour votre propre paix d'esprit, mais pour celle de ceux que vous quitterez éventuellement. La préparation de ce carnet ne sera peut-être pas de tout repos, mais une fois cette tâche accomplie, vous aurez établi un certain contrôle sur ce qui adviendra de vous, de votre argent et de vos biens. Si vous perdiez vos facultés, vous aurez au moins déjà précisé vos intentions. Une fois de plus, assurez-vous que vos représentants sachent où trouver votre carnet.

TROISIÈME PARTIE

VOUS AIMEZ VOS PROCHES?
LAISSEZ-LEUR
DES LISTES !

Établir sa feuille de route
(gérer ses affaires)

Personnes

VOUS

Nom et prénom
Date de naissance
Lieu de naissance
N° d'assurance sociale
N° de sécurité sociale (É.-U.)
Carte d'assurance sociale
et où elle se trouve
Autres informations sur
la nationalité

AIDES-SOIGNANTS

Aidant 1
Aidant 2

DÉLÉGUÉS PERSONNELS

Exécuteur/liquidateur
Procureur
Mandataire

CONTACT EN CAS D'URGENCE

Principal
Autre 1
Autre 2

CONSEILLERS PROFESSIONNELS

SANTÉ
Médecins : omnipraticiens
et spécialistes
Pharmaciens
Thérapeutes

FINANCES
Conseiller financier
Contact à la succursale de la banque
Conseiller financier de la banque

AUTRES
Avocat
Notaire
Comptable

EMPLOYEUR

Nom
Poste
Contact

ENFANTS, FRÈRES ET SŒURS

Nom
Lien de parenté
Nom
Lien de parenté

AFFILIATION RELIGIEUSE

Contact
Lieu de culte

ANIMAUX DE COMPAGNIE

Nom de l'animal
Vétérinaire
Soigneur animalier

Cette section doit contenir vos propres coordonnées ainsi que celles de toutes les personnes qui figurent dans votre vie. Vos représentants (mandataire, procureur, mandataire de soins de santé ou de finances, liquidateur (exécuteur testamentaire) auront besoin d'une grande quantité de renseignements. Cette section contient en premier lieu vos renseignements personnels et les coordonnées de ceux à informer en cas d'imprévu.

Renseignements personnels

Vous croyez peut-être que votre famille sait tout sur vous, mais c'est rarement le cas. Dans cette section, commencez par inscrire toutes vos données personnelles :

- Nom complet et noms antérieurs, selon le cas.
- Date et lieu de naissance.
- Carte d'assurance maladie et l'endroit où elle se trouve.
- Si vous avez un numéro de Sécurité sociale américain, inscrivez-le et indiquez où trouver cette carte.
- Si vous avez d'autres nationalités, énumérez-les, ainsi que l'endroit où trouver des documents justificatifs. Si vous ne possédez pas ces documents, communiquez avec l'ambassade ou le consulat approprié pour savoir comment les obtenir. Ils seront requis lors du règlement de votre succession.
- Permis de conduire, immatriculation, certificat d'assurance et où trouver ces documents.
- Cartes d'hôpitaux et de soins de santé et l'endroit où elles se trouvent.
- Vos antécédents médicaux écrits — événements majeurs, allergies, vaccins, etc.

Votre famille

Vous pouvez confier la gestion de vos affaires à vos enfants ou à quelqu'un d'autre. Inscrivez ici les coordonnées de vos frères ou sœurs et parents toujours vivants. Inscrivez aussi, s'il a lieu, celles de vos demi-frères ou demi-sœurs, de vos beaux-parents ou d'autres proches pouvant être considérés comme membres de la famille. Si votre famille immédiate n'est pas au courant de certaines autres relations, inscrivez-les ici afin d'éviter d'éventuels conflits. Notez bien les coordonnées essentielles suivantes :

- Nom(s)
- Adresse(s)
- Numéro(s) de téléphone (mobile, fixe, travail)
- Adresse(s) de courriel
- Toute autre application contenant vos contacts (p. ex. : Facebook, Messenger, Instagram, etc.)

Notez que certains de ces renseignements peuvent être répétés ailleurs dans d'autres sections. Comme je l'ai déjà souligné, ce livre offre une ligne directrice — c'est à vous de décider où inscrire ces renseignements au moment d'établir votre carnet.

Aidants

Si vous recevez des soins à domicile, il est utile d'énumérer les noms et les autres coordonnées de vos aidants. Si c'est une agence ou un organisme gouvernemental qui vous fournit ces soins, assurez-vous de noter le numéro de téléphone de l'entreprise et, si possible, le nom de la personne à joindre, de même que votre numéro de dossier.

Personnes à joindre en cas d'urgence

Les personnes à joindre en cas d'urgence pourraient être vos enfants, vos frères ou vos sœurs, un ami, un voisin ou un fiduciaire. Leurs noms et numéros de téléphone sont essentiels ; leurs adresses de courrier électronique pourraient aussi être utiles.

Si vous avez un emploi, rémunéré ou bénévole, vous devez inscrire :

- Le nom de l'employeur ou de l'organisme bénévole
- Votre poste
- Le nom de la personne à joindre
- Le numéro de téléphone de cette personne
- L'adresse de courrier électronique de cette personne

Si vous êtes travailleur autonome ou possédez une ou plusieurs entreprises, il sera peut-être nécessaire de regrouper ces renseignements de base dans une section distincte. Vous pourrez aussi les noter ici à la suite de la rubrique précédente.

Si vous faites partie d'un groupe religieux ou si vous fréquentez un lieu de culte, inscrivez ici les noms et numéros de téléphone pertinents ; cela pourrait être important pour les derniers sacrements ou les funérailles.

Délégués personnels

Il pourrait s'agir de la plus importante partie de la section «Personnes», après votre famille. Les personnes que vous nommerez ici sont celles qui vous représenteront légalement en cas d'incapacité ou de décès. Vos représentants s'occuperont de vos affaires personnelles de votre vivant et prendront les décisions d'ordre médical si vous êtes incapable de le faire; ils veilleront également à la liquidation de vos biens et prépareront votre dernière déclaration fiscale.

Pour les résidents du Québec, de telles dispositions se prennent auprès d'un notaire ou d'un avocat; dans d'autres provinces ou pays, on le fait généralement auprès d'un avocat.

Remarque : Un testament olographe est préférable à l'absence de tout testament, mais un tel document compliquera un peu la tâche du liquidateur (exécuteur testamentaire). Un testament olographe est un document manuscrit (écrit à la main) sans témoin. Votre signature devra être authentifiée et assermentée et l'homologation est habituellement requise.

Votre procureur vous représente et selon les pouvoirs que vous lui avez accordés dans le document de procuration, il peut gérer vos affaires financières et immobilières, prendre des décisions d'ordre médical et toute autre décision que vous aurez autorisée. Il est préférable de mettre en place de telles décisions pendant que vous êtes en pleine possession de vos facultés — plus tôt que tard. Vous devriez aussi indiquer à votre banque le nom de votre procureur ; ainsi, lorsque ce dernier devra négocier en votre nom, la banque en sera déjà informée.

Notez que ces documents doivent être signés et enregistrés lorsque vous êtes sain d'esprit. Si vous êtes frappé d'une forme de démence et que vous n'êtes plus considéré comme légalement apte à signer un document juridique, vous ne pourrez plus les modifier.

Au Québec, lorsque vous êtes frappé d'incapacité, votre mandataire devient votre représentant. Cette personne agira désormais en votre nom en ce qui a trait aux questions d'ordre juridique. Des rôles équivalents existent ailleurs au Canada. Notez que le traitement d'un mandat ou d'un document semblable hors du Québec prend un certain temps avant d'être reconnu et que vos représentants pourraient avoir certaines difficultés avec les institutions financières ou autres organisations. Dans certains territoires, il existe d'autres désignations, telles que la procuration de soins de santé ou la procuration financière ; certaines regroupent tous les rôles en un seul document, d'autres requièrent un document séparé pour chaque sphère d'activité.

Votre liquidateur (exécuteur testamentaire, hors du Québec) est la personne qui prendra la relève après votre décès. Ces rôles peuvent être attribués à une seule personne ou à plusieurs, ou à une institution, comme une société de fiducie. Notez que les conseillers financiers ne sont généralement pas autorisés à agir comme les représentants légaux de leurs clients en raison du risque de conflit d'intérêts. Même si cela est permis dans le territoire où vous vivez, il serait sage de choisir quelqu'un d'autre. En résumé, cette section est l'endroit idéal pour inscrire les noms et les coordonnées de toutes vos personnes-ressources et personnes à joindre.

Conseillers professionnels

Dans cette même section, inscrivez les noms et les coordonnées des personnes avec lesquelles vous traitez pour des besoins spécifiques.

Santé

- ▶ Médecins et dentistes
- ▶ Pharmaciens
- ▶ Thérapeutes (ergothérapeute, psychologue, massothérapeute, kinésithérapeute, etc.)

Finances

(que vous ayez un ou plusieurs conseillers, assurez-vous de tous les inclure)

- ▶ Conseiller financier
- ▶ Planificateur financier
- ▶ Personnes à joindre à la succursale de votre banque et le conseiller financier de votre banque
- ▶ Comptable ou fiscaliste (impôts)
- ▶ Conseiller en placements ou courtier en valeurs mobilières

Autres professionnels

- ▶ Avocat
- ▶ Notaire

Animaux de compagnie

Si vous partagez votre vie avec un ou plusieurs animaux, inscrivez les coordonnées du vétérinaire et de la personne aidante, ainsi que d'une personne désignée pour prendre en charge votre animal en cas d'invalidité ou de décès. Il serait aussi utile d'inscrire les noms et les âges de vos animaux, ainsi que des détails sur leur alimentation et leurs besoins spéciaux.

Activités (personnes à joindre)

Le maintien de l'activité physique nous permet de bien vieillir. Si vous participez à diverses activités sportives ou culturelles, avez des passe-temps, êtes membre de clubs, faites du bénévolat, ou si vous vous adonnez à d'autres activités (exemple : abonnement à un centre de conditionnement, cours de danse ou de formation continue, etc.), assurez-vous d'inscrire les coordonnées des personnes à joindre pour qu'elles soient informées si vous êtes incapable de vous présenter sur les lieux ou si vous décédez. Cela pourrait être très important pour les organisations qui comptent sur vous comme bénévole.

Remarque : Les vieux carnets d'adresses peuvent être très utiles pour trouver le nom des personnes à aviser en cas de décès. De nos jours, nous conservons généralement ces renseignements sur nos ordinateurs ou sur nos téléphones, mais nos représentants devraient pouvoir trouver ces appareils et accéder aux données qu'elles contiennent.

Paperasse

DOCUMENTS DE SUCCESSION ET DE SOINS

Testament et tout codicille
Procuration
Mandat de protection (Qc)
ou procuration de soins
de santé (hors Qc)
Mandat ou procuration financière,
si document distinct
NPR
HIPAA et/ou POLST (É.-U.)

DOCUMENTS CIVILS

Certificat de naissance
Certificat de citoyenneté
Certificat de mariage
Documents de divorce
Certificats de décès du
conjoint ou d'un enfant
Documents d'adoption

DOCUMENTS PERSONNELS

Permis de conduire/immatriculation
Carte d'assurance sociale
Carte de sécurité sociale (É.-U.)
Passeport(s)
Cartes Nexus/Voyageurs
dignes de confiance
Cartes d'assurance maladie/
d'hôpitaux
Cartes d'assurance médicale
Cartes CAA/AAA
Toute autre carte d'identité

DISPOSITIONS LEGALES ET FINANCIERS

Documents de fiducie
Documents de tutelle pour
les enfants mineurs

DOCUMENTS — SOURCES DE REVENUS

Documents – régime de retraite
Documents – rentes / info. contact
Contrats de pension provinciaux,
fédéraux et étrangers

DOSSIERS FINANCIERS

Documents et relevés
de placements
Documents et relevés
bancaires

DOCUMENTS DE PRÊTS
Argent que vous devez
Argent qui vous est dû

DOCUMENTS D'AFFAIRES

Documents – plan de
succession de l'entreprise

Nous accumulons tous beaucoup de documents au cours de notre vie et, quand nous décédons, nous les laissons à nos héritiers. Dans cette section, notez où vous gardez vos documents essentiels afin qu'ils soient faciles à trouver. Il peut s'agir d'un classeur, d'un dossier, d'un cartable, etc. Il peut également s'agir d'un ou de plusieurs fichiers informatiques; dans ce cas, vous devrez fournir tous vos noms d'utilisateur et mots de passe. Si vous conservez ces documents dans un coffre-fort, assurez-vous que vos représentants ont accès à la clé ou à la combinaison.

Je suis résidente du Québec et dans ce livre, je mentionne de quelle façon les procédures et les lois successorales québécoises peuvent différer de celles des autres territoires. Au Québec, par exemple, ce sont les notaires qui préparent les testaments. Un testament enregistré à la Chambre des notaires du Québec n'a pas besoin d'être homologué (l'homologation est le processus judiciaire par lequel un tribunal confirme la validité d'un testament). Il faut toutefois prévoir des frais pour une recherche testamentaire à la Chambre des notaires et au Barreau du Québec. Dans d'autres provinces canadiennes, l'homologation est généralement requise, quoique dans certains cas, le cautionnement d'une compagnie d'assurance peut suffire. Assurez-vous de bien connaître les procédures en vigueur là où vous résidez (voir la section «Références» pour plus de détails).

Aux États-Unis, les lois peuvent différer d'un état à l'autre. Assurez-vous de vérifier ce qui est requis dans le vôtre.

Les documents les plus importants pour vos représentants sont les suivants :

- Votre testament et tout codicille
- Votre procuration
- Votre mandat de protection (Québec) ou procuration de soins de santé (autres territoires)
- Votre mandat financier ou votre procuration, s'il s'agit d'un document distinct pour la procuration des soins de santé, comme c'est le cas en Ontario et dans d'autres territoires.
- Ordonnance de non-réanimation, si vous en avez une. Aux États-Unis, vous aurez peut-être une POLST (Physician Orders for Life-Sustaining Treatment).
- Aux États-Unis, vous avez probablement un document HIPAA (Health Insurance Portability and Accountability Act of 1996) qui spécifie qui peut et qui ne peut pas avoir accès à vos antécédents médicaux.

Il pourrait être utile de monter un dossier contenant des copies de tous les documents nécessaires en cas d'urgence et d'incapacité à exprimer votre volonté. Ce dossier peut comprendre votre ordonnance de non-réanimation, votre procuration pour soins de santé, votre procuration légale, votre POLST et votre HIPAA (aux États-Unis), ou tout autre formulaire connexe. Vous pourriez également inclure un document détaillant vos antécédents médicaux.

Vos représentants devront également avoir accès à vos :

- Certificat de naissance
- Preuve de citoyenneté
- Certificat de mariage
- Documents de divorce
- Certificats de décès d'un conjoint ou d'un enfant
- Documents d'adoption

Notez que certains territoires peuvent exiger des documents différents pour chaque permission accordée à un représentant. Le document requis pour les questions financières pourrait différer de celui requis pour les questions médicales.

- Documents de fiducie — incluant les fiducies entre vifs, fiducies testamentaires, fiducies de situation spéciale comme une fiducie Henson (ou l'équivalent québécois) pour un enfant handicapé ou un régime enregistré d'épargne-invalidité (REEI)
- Documents de tutelle pour les mineurs
- Documents et coordonnées du régime de retraite
- Documents et coordonnées de rentes
- Coordonnées de Service Canada et de Retraite Québec (CRPC, SV, SRG, NAS et régime de rentes du QC)
- Autres organismes de retraite provinciaux, d'états américains ou de pays — ceux-ci exigeront votre numéro d'assurance sociale (numéro de sécurité sociale aux États-Unis).

Vous devrez également indiquer où trouver vos :

- Permis de conduire et certificat d'immatriculation
- Carte d'assurance sociale (Canada)
- Carte de sécurité sociale (si vous êtes Américain)
- Toutes vos autres cartes de nationalité, s'il y a lieu
- Passeport(s)
- Carte Nexus ou Voyageurs dignes de confiance (si vous en avez une)
- Carte d'assurance maladie et cartes d'hôpitaux, cartes d'assurance médicale
- Cartes CAA ou AAA, si vous êtes membre de ces organisations
- Toute autre carte d'identité

Votre situation financière génère beaucoup de documents (ou de bilans numériques). Vous devez, par conséquent, inscrire l'endroit où les trouver, ou noter l'information permettant l'accès à votre ordinateur pour les :

- Documents et relevés de placements, surtout les plus récents
- Documents et relevés bancaires
- Documents de prêts et d'emprunts (argent que vous devez ou qui vous est dû)

Si vous êtes propriétaire d'une entreprise et que vous avez des documents qui seront nécessaires pour effectuer la transition de l'entreprise en cas de décès, inscrivez-les ici et indiquez où ils se trouvent.

Rappelons-le, avoir un endroit désigné pour ranger vos documents essentiels peut faire gagner beaucoup de temps à vos représentants; ce faisant, vous vous assurez que vos biens ou vos objets importants ne seront pas négligés. Vos représentants devront conserver vos déclarations fiscales finales pour une durée de sept ans après votre décès mais vous pouvez dès maintenant vous débarrasser de la plupart des autres documents lorsqu'ils ne sont plus utiles. Spécifiez ce qui doit être conservé et vos représentants pourront décider comment disposer du reste.

Argent - Actifs

REVENUS

Emploi
Rentes
FERR

RÉGIME DE RETRAITE
Régime de retraite de l'employeur
Régimes de retraite privés

REVENUS DU GOUVERNEMENT
Sécurité de la vieillesse
Régime de pensions du Canada ou
Régime de rentes du Québec
Sécurité sociale américaine

REVENUS D'ACTIVITÉ COMMERCIALE EN LIGNE
eBay
YouTube
PayPal
Amazon
Etsy

CONTACTS
Service Canada
Retraite Québec
Les bureaux de retraite provinciaux
ou étrangers

INTÉRÊTS COMMERCIAUX

Nom de l'entreprise
Position :
Propriétaire/associé actif
Propriétaire/associé passif

COMPTES BANCAIRES

Nom de la banque
Numéro de compte
Lieu de la succursale
No de tél. de la succursale
Infos. pour connexion
bancaire en ligne

PLACEMENTS

Portefeuille de titres de courtage
Portefeuille de titres de fonds
communs
Placements en biens immobiliers
Comptes d'épargne

COLLECTIONS
Mobilier
Oeuvres d'art
Bijoux
Timbres/monnaie
Autre

RÉGIMES DE RETRAITE
Régime enregistré d'épargne-retraite
(REER)
Compte d'épargne libre d'impôt
(CELI)
Régime de retraite individuel
(RRI)

POUR LES AMÉRICAINS
IRA
Roth IRA
401K
Keogh plan

CARTES

CARTES DE FIDÉLITÉ
Optimum
Aeroplan
AirMiles
HBC
Chapters Indigo
Pétrolières

CARTES CADEAUX ET CARTES PRÉPAYÉES

CARTES DE TRANSPORT
Carte Opus
Abonnement de transport
en commun
Autres cartes de transport

POLICES D'ASSURANCE

Maladies graves
Soins de longue durée
Invalidité
Vie
Habitation
Automobile
Animaux de compagnie

Riches ou pauvres, nous devons tous jongler avec notre argent — tout comme devront le faire nos représentants si nous sommes frappés d'incapacité ou après notre décès.

Dans cette section, vous devez inscrire tout ce qui concerne votre situation financière : vos revenus, vos comptes bancaires, vos investissements, vos assurances, vos intérêts commerciaux, vos factures (uniques et récurrentes), vos cartes de crédit et de fidélité, vos hypothèques, vos prêts (incluant les 500 dollars prêtés à votre beau-frère, l'année dernière) et, enfin, vos biens ayant une valeur marchande (objets d'art, meubles, bijoux, collections spéciales, etc.).

Dans la section « Biens et objets », vous pourrez spécifier ce qu'il adviendra de ces objets qui ont pour vous une valeur sentimentale, mais peu ou pas de valeur pécuniaire.

Banques

Notre vie financière est souvent reliée à notre banque. Si vous avez de bonnes relations avec votre directeur ou directrice de banque, il ou elle pourra venir en aide à votre représentant. Dans cette section, vous devez inscrire tous vos comptes bancaires, même s'ils contiennent peu d'argent. Indiquez le nom et l'adresse de la succursale, le numéro du compte et les coordonnées de la personne à joindre. Vous pouvez également y inscrire les données d'accès (ouverture de session sur votre banque en ligne) bien que celles-ci soient incluses dans la section « Empreinte numérique ». Si vous avez un coffret de sûreté, assurez-vous de noter le numéro du coffret et l'emplacement de la clé. Et si vous avez de nombreux comptes bancaires, songez à les consolider.

Revenus

Vos revenus sont une autre partie de la section « Argent - Actifs ». Vos revenus peuvent provenir de plusieurs sources : pensions, tant gouvernementales que privées, revenus du FERR (Fonds enregistré de revenu de retraite), IRA ou 401K (si vous vivez aux États-Unis), rentes détenues par l'entremise de compagnies d'assurance, revenus d'entreprise, etc. Si vous inscrivez des revenus ici, vous devez en indiquer les sources, les coordonnées des bailleurs de fonds et tous les numéros de compte. Si vous détenez des chèques postdatés destinés au remboursement d'une dette, votre représentant devra communiquer avec leur émetteur pour obtenir des instructions.

Si vous avez un compte PayPal, eBay, Amazon ou Etsy, vous pourriez en tirer des revenus. Assurez-vous de fournir tous les renseignements pertinents, notamment les numéros de compte, les identifiants de connexion et les coordonnées des services à la clientèle.

Si vous avez des sources de revenus provenant de l'étranger (exemple une pension étrangère, des revenus provenant de placements à l'étranger, etc.), vous devez les inscrire ici et noter toutes les informations qui seront nécessaires à votre représentant pour fermer ces comptes — ou les transférer à un conjoint survivant — après votre décès.

Investissements

Plusieurs d'entre nous possèdent des placements : placements boursiers, comme des fonds communs de placement, comptes de courtage, CPG (certificats de placement garanti au Canada, les CD ou des certificats de dépôt aux États-Unis), etc. Notez que les REER (régimes enregistrés d'épargne-retraite), les CELI (comptes d'épargne libres d'impôt), les FERR (fonds enregistrés de revenu de retraite) et autres sont inclus dans les comptes de fonds communs de placement ou de courtage, ou dans les comptes d'investissement détenus par votre banque. Les placements aux États-Unis peuvent comporter des comptes généraux similaires (Individual Retirement Account—IRA, 401K, Keogh plan, Roth IRA).

Les investissements peuvent également inclure l'immobilier, les œuvres d'art, les meubles, les bijoux, les timbres, les pièces de monnaie et autres objets de collection, etc. Dans cette section, vous devez également inscrire les propriétés locatives, les résidences secondaires, comme les chalets, ou les appartements en multipropriété (*timeshare*). Pour tous ces types d'investissements, vous devez indiquer leur emplacement et leur valeur de revente estimée ainsi que les hypothèques qui pourraient exister sur ces propriétés. Pour un appartement en multipropriété ou en copropriété, inscrivez les coordonnées du bureau de gestion de la propriété.

Assurances

Une part de votre bilan financier pourrait inclure certaines polices d'assurance. Vous pourriez avoir une assurance vie, une assurance maladie, un régime d'assurance collectif, une assurance hypothèque auprès de votre prêteur hypothécaire ou souscrit à titre privé, une assurance voyage, une couverture pour soins de longue durée ou pour maladies graves, des rentes (mentionnées ci-dessus), des fonds distincts (dans le cadre d'investissements dans des fonds communs de placement). Vous devez inscrire ici les numéros de police, les renseignements sur l'émetteur et le nom du courtier d'assurance si vous en avez un. Vous pouvez également noter la valeur nominale des polices d'assurance vie.

Notez qu'aux États-Unis, où les soins de santé sont généralement privés, les régimes d'assurance médicale sont essentiels ; si vous avez une couverture là-bas ou si vous vivez aux États-Unis, inscrivez aussi ces régimes.

Commerces et autres biens

Si vous avez des intérêts commerciaux, vous pouvez les inscrire dans une section séparée ou simplement noter les renseignements nécessaires dans la section « Argent ». Vous devez tout au moins indiquer le nom de l'entreprise, votre rôle dans celle-ci, ainsi que les coordonnées de toute personne qui devrait être informée de votre situation. En tant que propriétaire d'entreprise, vous aurez très probablement prévu un plan de succession. Si vous ne l'avez pas fait, vous devez le faire.

Les cartes de fidélité sont parfois un atout négligé — les cartes de votre pharmacie ou de votre épicerie, les cartes Air Miles, Aeroplan, ou autres, permettent d'accumuler des points. Inscrivez les numéros de compte et les fournisseurs, où trouver ces cartes et, si possible, les numéros de téléphone pour chacune. Les points de fidélité peuvent parfois être transférables — vérifiez auprès du fournisseur si elles le sont et notez la réponse dans votre carnet testamentaire.

N'oubliez pas, non plus, d'inscrire les cartes d'adhésion comme Costco, CAA, AAA, FADOQ, CARP, AARP et bien d'autres. Vérifiez quelles cartes sont dans votre portefeuille, votre sac à main, sur votre porte-clés ou dans un tiroir à débarras.

Argent - Dettes

DETTES

Hypothèques
Cartes de crédit
Prêts personnels
Prêts commerciaux
Marges de crédit
Modalités de paiement

TRANSACTIONS AUTOMATIQUES

Paiements de factures
Abonnements
Dons de charité
Transferts d'épargne

CARTES

CARTES DE CRÉDIT
American Express
VISA
MasterCard
Discover

AUTRES CARTES DE CRÉDIT
PC Financial
Triangle
Walmart
Home Depot
Magasins à rayons

AUTRES FACTURES

ACOMPTES PROVISIONNELS TRIMESTRIELS D'IMPÔTS
Revenu Québec
Agence du revenu du Canada

SERVICES PUBLICS
Électricité
Gaz
Mazout
Eau

COÛTS DE LOGEMENT
Loyer
Hypothèque
Frais de condo
Taxes foncières
Taxes scolaires

COMMUNICATIONS ET DIVERTISSEMENT
Service internet
Cellulaire
Tél. fixe
Télévision
Services diffuser (en flux) – Netflix, Crave, etc.

SERVICES
Service de nettoyage
Paysagement/déneigement

Les dettes et les créances sont également à considérer. Inscrivez ici tous vos emprunts et prêts, soit tout montant que vous devez ou qui vous est dû : prêts hypothécaires (voir ci-dessus pour les résidences secondaires), prêts automobiles, propositions de consommateurs, achats par anticipation, prêts de magasins d'électroménagers et de meubles, et tout autre prêt que vous payez à tempérament. Lorsqu'un montant d'argent vous est dû, inscrivez les noms et les coordonnées des débiteurs, ainsi que les montants dus.

Les cartes de crédit peuvent être répertoriées dans les comptes bancaires ou séparément. Inscrivez les numéros des cartes, les soldes impayés ainsi que les coordonnées des personnes à joindre. En plus des cartes principales, comme Visa et MasterCard, vous pourriez aussi avoir des cartes de commerce spécifiques (comme La Baie, The Brick, Canadian Tire, etc.). Inscrivez également toutes les cartes originaires d'autres pays — p. ex., un Canadien peut détenir une carte d'un grand magasin américain (comme Macy's, Bloomingdale's, etc.).

Si vous bénéficiez d'une marge de crédit, elle peut facilement être acquittée à la banque, bien que certains détails devront être vérifiés. Vous pourriez avoir une assurance crédit qui rembourse le solde de votre marge de crédit en cas de décès - et parfois en cas d'invalidité. Inscrivez ce compte dans votre liste de comptes bancaires et précisez s'il est assuré ou non. D'autres comptes de dettes peuvent également être assurés. En règle générale, les institutions financières offrent une assurance sur les prêts hypothécaires, les cartes de crédit et les marges de crédit.

Vous pourriez être en possession de certains ou de tous les éléments financiers mentionnés ci-dessus. Prenez en considération ce que vous possédez et ce que vous devrez inscrire ici. Chacun d'entre nous aura une liste unique.

Empreinte numérique

ORDINATEURS

Destruction des
données personnelles
Fichiers
à transmettre

☑ _____
☑ _____
☑ _____

STOCKAGE EN NUAGE

One Drive
iCloud
Services de sauvegarde
en ligne
Dropbox

☑ _____
☑ _____
☑ _____

ABONNEMENTS EN LIGNE

NOUVELLES & MAGAZINES NUMÉRIQUES

JOURNAUX
Montreal Gazette
La Presse +
Le Devoir
Globe & Mail
NY Times
Le Monde

MAGAZINES
Coup de Pouce
Bel Âge
Paris Match
La Semaine

MÉDIAS SOCIAUX
Facebook
Myspace
Google
Instagram
Twitter
Snapchat
YouTube
Vimeo

PROFESSIONNELS
LinkedIn
Sites liés au travail

SITES JEUX
Nom du jeu
Site web
Connexion de l'utilisateur

COMPTES – ACHAT/VENTE
eBay
Amazon
Etsy

✓ _____
✓ _____
✓ _____

ADRESSES DE COURRIER ÉLECTRONIQUE

Identifiant de l'utilisateur (ID)
Mot de passe (MDP)

☑ _____
☑ _____
☑ _____

SITES WEB

Nom de domaine
Administrateur

☑ _____
☑ _____
☑ _____

Vous ne croyez peut-être pas avoir une empreinte numérique importante, mais vous seriez surpris par le nombre de noms d'utilisateur et de mots de passe que vous avez accumulés. Vous devriez y regarder à deux fois avant de créer un autre compte en ligne. Ce fut mon cas!

Même si la plupart des renseignements consignés dans ce carnet changent rarement, songez à conserver vos mots de passe sur une page distincte qui sera facilement mise à jour. Vous pourriez également vous servir d'un utilitaire de gestion des mots de passe comme LastPass ou Dashlane (Keychain est intégré dans les produits Apple). Certains de ces utilitaires sont gratuits. L'avantage du gestionnaire de mots de passe est qu'il suffit de transmettre l'identifiant de l'utilisateur principal et le mot de passe à votre représentant, et tous vos autres mots de passe et sites Web seront accessibles grâce au gestionnaire. Si vous choisissez de créer votre carnet testamentaire sous forme de cartable, choisissez un cartable qui a une pochette intérieure ou procurez-vous une pochette amovible. C'est un endroit idéal pour garder la liste de vos mots de passe, la clé de votre coffret de sûreté et tout ce qui serait facile à égarer. Une autre façon de conserver vos mots de passe est d'utiliser un petit carnet d'adresses et de les inscrire en ordre alphabétique.

Il est important d'inscrire les identifiants d'utilisateur (ID pour « identifiant informatique ») et les mots de passe. Il serait également utile d'y inscrire vos questions et réponses de sécurité pour aider votre représentant à se connecter sur ces sites web. Les mots de passe sont inutiles sans ID. L'identifiant d'utilisateur est souvent votre adresse de courrier électronique mais ce n'est pas toujours le cas.

Conseil important! Gardez cette liste de mots de passe en lieu sûr. Si vous conservez cette liste sur une clé USB, il est possible de la protéger par un mot de passe mais assurez-vous de confier à vos représentants non seulement ce mot de passe, mais aussi l'endroit où trouver cette clé.

À titre d'exemple, voici une liste sommaire — la vôtre pourrait être différente :

- Comptes bancaires
- Comptes de placement
- Comptes PayPal, Etsy, eBay, Amazon, ou d'autres comptes qui génèrent des revenus
- Sites professionnels (ceux que vous utilisez pour votre travail)
- Comptes de courrier électronique
- Yahoo Mail
- Gmail
- Outlook, Outlook en ligne ou Hotmail
- Microsoft Exchange
- Autres comptes liés à vos sites Web personnels ou professionnels
- Authentifiants pour déverrouiller vos dispositifs — ordinateurs, tablettes, téléphones cellulaires, etc.

Abonnements

De nos jours, nos abonnements à des journaux et magazines sont souvent sous forme numérique, c'est pourquoi ils sont inclus dans votre «héritage numérique». Cependant, plusieurs conservent des abonnements papier aux journaux et magazines. Les renseignements sur vos abonnements, indiquant s'ils sont en format papier ou numériques, peuvent être inclus dans cette section.

- Journaux papier ou numériques — Le Devoir, La Presse, Le Journal de Montréal/Québec, Le Monde, The Montreal Gazette, The New York Times, etc.
- Magazines papier ou numériques — Coup de Pouce, Clin d'œil, Véro, 7 Jours, La Semaine, Échos Vedettes, Costco, Bel Âge, Virage, etc.
- Sites de jeux (tout type de jeux, incluant les casinos, les lotos et même les mots croisés des journaux)

Notez que l'abonnement payant pour certains de ces sites est automatiquement renouvelé annuellement ou mensuellement (parfois sans votre consentement initial). Assurez-vous de noter les abonnements qui se renouvellent de façon automatique afin de faciliter leur annulation.

Médias sociaux

Exemple d'une liste sommaire de médias sociaux :

- Facebook
- Instagram
- Snapchat
- Vimeo
- YouTube
- Tik-Tok
- Twitter
- Les médias sociaux professionnels comme LinkedIn.

Si vous participez à des forums comme Reddit, Quora, ou si vous êtes reliés à des revendeurs comme HP ou Apple, ils requièrent probablement votre identifiant d'utilisateur.

Et si vous avez un profil de rencontre en ligne, assurez-vous de l'inclure dans votre liste, sinon vous pourriez continuer à rechercher l'amour de votre vie dans l'au-delà !

Courrier électronique et domaines web

Vous pourriez avoir un ou plusieurs comptes de courrier électronique. Pour que votre mandataire puisse avertir les personnes qui communiquent régulièrement avec vous, ou pour qu'il puisse annuler le ou les comptes, vous devez lui fournir vos identifiants d'utilisateur. Vous pouvez les inscrire sur votre feuille de mots de passe séparée ou les inclure dans votre gestionnaire de mots de passe.

Si vous exploitez un ou plusieurs domaines web, vous devez décider de ce qu'il en adviendra quand vous ne serez plus là. Si vous gérez une entreprise, cela pourrait se faire dans le cadre de votre planification successorale mais si ce n'est pas le cas, votre contenu personnel en ligne pourrait perdurer. Écrivez-vous un blogue ou produisez-vous des vidéos pour YouTube ou Vimeo ? Avez-vous une petite entreprise que vous partagez avec un partenaire ? Qui est l'hôte de votre site web ou de votre blogue ?

Il y a aussi le stockage en nuage (Cloud) — si vous pratiquez la sauvegarde et le stockage en ligne (CrashPlan, iCloud, One Drive, Dropbox, etc.), votre représentant devra fermer votre accès au nuage informatique choisi et effacer vos données — à moins que vous en ayez décidé autrement.

Les photos numériques sont désormais une partie importante de nos vies. Nous les stockons sur nos ordinateurs, nos tablettes et nos téléphones. Nous gardons souvent des copies en ligne (iCloud Photos, Amazon, Flickr,

Notez que certains sites de médias sociaux ne permettent aucune modification d'un compte posthume sans avoir reçu les documents appropriés (parfois même avec ces documents) et nécessitent normalement l'identification et le mot de passe de l'utilisateur. Facebook, par exemple, permet à la succession de commémorer un compte, mais pas de le supprimer. Avec l'identifiant et le mot de passe de l'utilisateur, vous pourrez faire ce que vous voulez.

Ne vous empêchez pas de dresser une liste complète de vos sites par souci d'embarras. Vous ne voulez peut-être pas que votre famille connaisse toutes vos activités en ligne (certains sites pourraient inclure des rencontres en ligne ou des vidéos pour adultes), mais si ces sites continuent à vous envoyer des courriels, votre famille découvrira, malgré tout, vos activités. Si vous les notez, vos représentants pourront au moins annuler les abonnements.

etc.). Assurez-vous que vos représentants sachent comment y accéder et ce que vous avez voulu en faire. Vous pourriez aussi imprimer celles que vous voulez garder pour la postérité.

En fin de compte, si vous oubliez un ou deux sites, ils seront probablement supprimés pour cause de non-utilisation, mais il serait préférable que votre représentant puisse annuler le plus grand nombre possible.

Le matériel informatique fait aussi partie de votre «héritage numérique». Si vous possédez des ordinateurs, des disques durs externes (y compris des lecteurs flash et des clés USB), des dispositions doivent être prises pour la suppression des données qui ne sont pas destinées à être transmises, ainsi que pour l'élimination du matériel. Le matériel, avant d'être vendu, doit être nettoyé à fond et de manière professionnelle, numériquement et physiquement. Si, par ailleurs, vous laissez ces décisions à vos successeurs, ce sera à eux d'en décider.

Votre téléphone portable doit également être pris en charge. Un téléphone intelligent doit être traité comme une tablette ou un ordinateur à des fins de nettoyage et de conservation. Il est conseillé de le faire nettoyer ou effacer professionnellement afin de garantir la suppression complète de toutes les données personnelles. Notez toutefois que vos contacts téléphoniques peuvent être très utiles pour votre représentant; il pourrait vouloir retarder ce nettoyage jusqu'à ce que l'ensemble de votre succession soit réglé.

Selon l'intensité de vos activités numériques, cette section de votre carnet pourrait être la plus longue à préparer. C'est aussi la section qui est la plus susceptible de changer fréquemment et qui, pour des raisons évidentes, nécessite le plus de protection.

...modernes en vue de résoudre ces problèmes. Les États-Unis fonctionnent toujours selon des lois datant de 1986 qui ne tiennent pas compte de la nature envahissante de notre activité numérique. Le Canada doit lui aussi prendre des mesures pour contrer l'hégémonie des géants numériques.

Biens, objets et legs

VALEUR ÉMOTIONNELLE ET VALEUR RÉELLE

Valeur marchande réelle

Valeur émotionnelle

BIENS PERSONNELS
SANS VALEUR MONÉTAIRE

Objets ménagers

Meubles sans valeur

Vêtements

Livres

Photographies

Décorations

CE QUE LES ENFANTS VEULENT GARDER

Nous vivons plus longtemps

Nos enfants ont leurs propres affaires et ne veulent pas de la plupart de nos affaires

QUE FAIRE DU RESTE

RÉUTILISATION

DONS À DIVERSES ORGANISATIONS

Renaissance

Armée du Salut

Mada

ReStore

Le Chaînon

Association québécoise pour les personnes handicapées

Freecycle.org

REBUTS/RECYCLAGE

Écocentre

Collecte sélective

GESTION DES OBJETS DE COLLECTION

Faites évaluer par un expert

Déterminez leur mode de cession

Vente aux enchères

Vente privée

DONS À LA FAMILLE

Les dons doivent être faits sans condition

Ne donnez pas de directives à vos bénéficiares sur l'emploi des dons

DONS CARITATFS

Donation directe

Vendez et donnez l'argent à une œuvre caritative

Peu importe la quantité de biens et d'objets que nous possédons, quand nous disparaissons, il en reste plus que nous ne le pensons : meubles, ustensiles de cuisine, articles ménagers, vêtements, articles de décoration, albums photos, livres, appareils électroniques et encore bien d'autres choses. Les équipements numériques tels que les ordinateurs et les téléphones sont traités dans la section « Empreinte Numérique ». En parcourant cette section, il est important de faire la distinction entre la valeur pécuniaire et la valeur sentimentale. Certains objets ont une grande valeur personnelle mais aucune valeur marchande. Votre liste doit donner priorité aux objets ayant une valeur pécuniaire. Si vous avez des évaluations écrites, notez-le dans votre carnet afin que votre représentant puisse les retrouver. Si vous avez des objets qui devraient être vendus aux enchères et que vous avez une préférence quant à la maison de vente aux enchères à utiliser, inscrivez ses coordonnées.

Pour les autres articles ménagers et le mobilier, vous pouvez désigner la personne à qui vous souhaitez les confier ou spécifier s'ils doivent être vendus ou donnés. Si vous avez des legs spécifiques à des membres de votre famille, à des amis ou à des organismes caritatifs, notez ces articles et les coordonnées des bénéficiaires.

Au fil du temps, on accumule une quantité impressionnante de biens et d'objets. Nous vivons maintenant plus longtemps que la génération précédente, et nos enfants, qui ont déjà meublé leur nid, n'ont pas vraiment besoin de toutes nos choses. À 60 ou 70 ans, nous avons déjà vécu la majeure partie de notre vie et nos parents sont parfois toujours vivants. Lorsque j'ai fermé la maison de ma mère, l'inspecteur local des incendies m'a confié que lui et sa femme avaient toujours non seulement des choses qu'ils avaient acquises eux-mêmes dans leur jeunesse mais aussi des choses dont ils avaient hérité de leurs parents et même de leurs grands-parents — et leurs enfants n'en voulaient tout simplement pas.

Le tri des vêtements peut être une tâche ardue. Si vous devez vider votre maison parce que vous déménagez — dans une résidence, par exemple — vous aurez besoin de certains de vos vêtements, mais il faudra vous débarrasser de ceux que vous ne portez plus. Les boutiques de vêtements rétro peuvent en prendre quelques-uns, mais les magasins qui les acceptent en consigne sont souvent pointilleux sur le style et la qualité, de sorte que beaucoup de ces vêtements finiront par être donnés ou jetés. Si vous pouvez réduire le contenu de vos penderies à l'avance, tant mieux. Sinon,

Lors de la vente aux enchères d'une succession, un de mes clients a fini par racheter des biens et objets patrimoniaux parce que le testament ne prévoyait pas que les membres de sa famille puissent réclamer et conserver les choses qu'ils désiraient.

notez au moins ici ce que vous voulez faire de vos vêtements. De nombreux organismes acceptent les dons de vêtements.

Si vous avez des passe-temps — trains électriques, artisanat, poterie, photographie, modèles réduits, menuiserie, pêche, etc. — spécifiez ce que vous désirez faire des articles que vous avez fabriqués ou collectionnés. Vous pouvez venir en aide à vos représentants en indiquant le nom des personnes qui pourraient être intéressées à les acheter.

Autres pensées — objets patrimoniaux

Certains objets sont passés de génération en génération, et d'autres vous ont été remis avec la consigne d'en « faire quelque chose ». Vous vous sentez peut-être obligé de tenir les promesses faites à vos parents ou à des proches qui vous ont imposé cette corvée. De telles décisions sont lourdes d'émotions, de culpabilité et parfois de ressentiment.

Récapitulons :

Demandez à vos enfants (et, si nécessaire, aux autres membres de votre famille et à vos proches) ce qu'ils voudraient conserver pour eux-mêmes et identifiez bien ces choses — ou donnez-les-leur immédiatement (à moins, bien sûr, que vous les utilisiez toujours).

Évaluez vos objets pour déterminer ceux qui ont une réelle valeur et ceux dont la valeur est plutôt sentimentale. Si vous avez des objets de collection, faites faire une évaluation par un professionnel, si ce n'est déjà fait. Décidez ensuite comment vous voulez en disposer — ou confiez la tâche à votre liquidateur (exécuteur testamentaire). Les options de disposition comprennent la vente aux enchères, la vente privée et les dons à la famille, aux proches ou à des œuvres caritatives. Les organisations de réfugiés sont souvent à la recherche de meubles et de vêtements utilisables pour les nouveaux arrivants. Les articles laissés au bout de votre entrée — ou dans la rue si vous êtes en appartement — trouvent souvent preneurs. Le site du réseau Freecycle (freecycle.org) propose en ligne des listes d'objets à donner ou à recevoir gratuitement au Canada, aux États-Unis et dans de nombreux autres pays. C'est un excellent moyen de recycler des objets toujours utilisables. Comme le dit le vieil adage, « les rebuts de l'un sont les trésors de l'autre ».

Pour tout le reste, il y a trois options principales : le don, le recyclage ou les ordures. Vous n'aurez pas toujours à décider mais mentionnez les choses qui vous importent. Vous n'avez pas à entrer dans les détails. On s'occupera bien de ce que vous n'aurez pas spécifié mais peut-être pas comme vous l'auriez fait.

Mon grand-père était un peintre pro-lifique. Il a laissé derrière lui un trésor de tableaux qui illustrent sa vie. Il est mort au milieu des années 70, laissant à mon père, son seul enfant, la tâche de s'occuper de ses œuvres. Seulement... mon père ne l'a pas fait. Quelques années avant sa mort en 2009, mon père m'a annoncé que j'étais respon-sable de «faire quelque chose avec les peintures». Je les ai consciencieuse-ment photographiées et j'ai cherché un endroit où je pourrais les exposer (elles devraient être dans un musée). Puis ma vie a chaviré et je n'ai pas eu le temps de poursuivre mon projet. Mon père est décédé et le temps a passé. Ma mère a dû être placée en résidence et sa maison a dû être vidée et vendue. Je suis toujours responsable de cet héritage de peintures; j'ai bien peur que de nombreuses années de ma retraite soient consacrées à ce projet. Idéalement, c'est mon père qui aurait dû s'en occuper mais je ne sais pas pourquoi il ne l'a pas fait. Je lui en veux de m'avoir confié cette tâche. Et pourtant... j'adorais mon grand-père et j'étais là quand il a peint plusieurs de ses tableaux. Pour moi, ce sera l'occasion de lui rendre hommage et de faire connaître son œuvre. Je ne veux surtout pas imposer cette corvée à mes enfants.

Dernières volontés

SOUHAITS PERSONNELS

☑ ——
☑ ——
☑ ——

TYPE D'ENTERREMENT OU DE CRÉMATION

☑ ——
☑ ——
☑ ——

PRÉARRANGEMENTS FUNÉRAIRES

☑ ——
☑ ——
☑ ——

MAISON FUNÉRAIRE

☑ ——
☑ ——
☑ ——

QUI PRÉVENIR LORS DU DÉCÈS

Parents
Amis
Contacts professionnels
Contacts bénévoles
Contacts religieux

CONTACTS RÉGULIERS

Banque
Conseiller en placements

SERVICES PUBLICS

Gaz
Électricité
Télévision
Internet
Téléphone
- Tél. fixe
- Tél. cellulaire

RÉGIMES DE RETRAITE

GOUVERNEMENT

Service Canada
- Assurance sociale
- Sécurité de la vieillesse
RRQ/RPC
Sécurité sociale américaine

☑ ——
☑ ——
☑ ——

Nous arrivons maintenant à la partie à laquelle personne ne veut trop penser, car lorsque les instructions de cette section seront dévoilées, nous ne serons plus là!

Que faire de votre corps? Enterrement, crémation, devenir un arbre? Y a-t-il un salon funéraire que votre famille préfère? Avez-vous fait des arrangements funéraires préalables? Y a-t-il des rituels particuliers que vous préféreriez? Vous pourriez également discuter avec votre conseiller spirituel avant de remplir cette section.

Si vous optez pour l'enterrement ou l'incinération, les arrangements peuvent être relativement simples. Très peu de territoires offrent l'option de planter vos restes pour devenir un arbre, bien que ça devienne de plus en plus populaire. Si vous avez fait des arrangements, et plus important encore, si vous les avez déjà payés, vous devez vous assurer que vos représentants en soient informés. Notez-les ici. Si vous avez l'intention de faire don de votre corps à la science, inscrivez les détails de ce que vous avez prévu.

Si vous avez des volontés précises quant à la façon de célébrer vos funérailles, notez-le ici. Vous voulez que l'on joue le Requiem de Mozart? L'Ave Maria? Une musique qui vous est chère? Écrivez-le. Vous ne désirez pas de funérailles? Exprimez-le précisément ici. Que diriez-vous d'une célébration commémorative? À la maison? Dans votre restaurant préféré? Au salon funéraire? Exprimez-le précisément ici. Nos dernières volontés sont personnelles, mais à moins d'en informer nos représentants, les rituels, ou leur absence, seront laissés à la discrétion d'un tiers.

Il n'est pas très agréable de songer à l'incapacité permanente et à la mort. Nous évitons d'y penser autant que possible même si nous savons qu'il faudra éventuellement y faire face. Certains abordent le sujet avec prudence, d'autres choisissent l'option «Qu'est-ce que ça peut bien me faire? Je serai mort!». Réfléchissez à ce qui vous importe, aux valeurs que vous voudriez exprimer dans vos instructions finales.

On a beau l'ignorer, mais cette réalité ne disparaît pas pour autant. C'est un malaise tenace. Rédiger un testament ne signifie pas qu'on va mourir demain. Souscrire une assurance ne précipitera pas son décès. Quand on achète une assurance automobile ou une assurance habitation, cela nous apporte la paix de l'esprit. On ne l'achète pas en croyant qu'on aura un accident ou qu'on subira une catastrophe dans les jours qui viennent. Tout cela fait partie intégrante de la vie financière. La planification de ses dernières années ne saurait être différente : établissez dès à présent vos volontés et vos priorités de façon détaillée, révisez-les de temps en temps (comme vous devriez réviser votre testament, votre procuration, votre mandat et, bien sûr, votre assurance vie) et accordez-vous, ainsi qu'à vos proches, la sérénité.

En écrivant ces lignes en pleine pandémie de la COVID-19, j'ai pris pleinement conscience que la préparation d'un carnet testamentaire est plus nécessaire que jamais. En ces temps incertains, vos représentants sont autant à risque que vous, vos instructions écrites deviennent alors d'autant plus importantes.

QUATRIÈME PARTIE

Formulaires

Un mot sur les modèles de formulaires

Un livre comme celui-ci ne serait pas complet sans des modèles de formulaires conçus pour vous aider à élaborer votre propre carnet. Le début de chaque section de ce livre propose une carte de couleurs assorties qui correspondent à des éléments dans le texte. Les formulaires de chaque section sont coordonnés en couleur avec les cartes pour vous aider à bien organiser vos inscriptions et à n'oublier aucune section. Quoique plusieurs des éléments énumérés s'appliquent sans doute à la plupart d'entre nous, vous pouvez toujours rajouter certains éléments d'information qui ne figurent pas dans ce livre.

Vos inscriptions pourraient être très différentes de celles que je suggère. Cela va pour toutes les sections et tout particulièrement pour la section «Empreinte numérique», car il y a tellement de sites web qui pourraient être inclus. Votre liste reflétera vos intérêts et vos activités.

Ces listes peuvent être utilisées comme point de départ pour votre propre conception, ou comme décrites, en utilisant les autres pages pour ajouter des informations pour lesquelles les listes de ce livre n'ont pas fourni assez d'espace.

Faire face à l'incapacité ou au décès d'un proche est assez pénible et douloureux. Le carnet, quelle que soit sa forme, est le legs le plus utile que vous puissiez laisser à votre famille et à vos représentants. Vous saurez ainsi que vous avez fait votre possible pour leur faciliter la gestion de votre fin de vie et vous aurez l'esprit tranquille.

VOUS
informations personnelles

Nom complet _____

Aussi connu(e) sous le nom de _____

Date de naissance _____

Lieu de naissance _____

N° d'assurance sociale _____

N° de sécurité sociale (US) _____

Information autre nationalité 1 _____

Information autre nationalité 2 _____

FAMILLE, AMIS ET CONTACT EN CAS D'URGENCE *Indiquez*
contacts d'urgence, conjoint, partenaires, enfants, frères et soeurs et amis proches

Contact en cas d'urgence 1 _____ Lien avec_____

Adresse _____

Tel C _____ M _____ T _____

Courriel 1 _____ 2 _____

Contact en cas d'urgence 2 _____ Lien avec_____

Adresse _____

Tel C _____ M _____ T _____

Courriel 1 _____ 2 _____

Nom _____ Relation_____

Adresse _____

Tel C _____ M _____ T _____

Courriel 1 _____ 2 _____

Notes _____

_____

FAMILLE & AMIS *Indiquez votre conjoint, vos partenaires, vos enfants, vos frères et soeurs, vos amis proches*

Nom _____ Relation_____

Adresse _____

Tél C _____ M _____ T _____

Courriel 1 _____ 2 _____

Nom _____ Relation_____

Adresse _____

Tél C _____ M _____ T _____

Courriel 1 _____ 2 _____

Nom _____ Relation_____

Adresse _____

Tél C _____ M _____ T _____

Courriel 1 _____ 2 _____

Nom _____ Relation_____

Adresse _____

Tél C _____ M _____ T _____

Courriel 1 _____ 2 _____

Nom _____ Relation_____

Adresse _____

Tél C _____ M _____ T _____

Courriel 1 _____ 2 _____

Notes_____

_____

_____

FAMILLE & AMIS *Indiquez votre conjoint, vos partenaires, vos enfants, vos frères et soeurs, vos amis proches*

Nom _____ Relation_____

Adresse _____

Tél C _____ M _____ T_____

Courriel 1 _____ 2 _____

Nom _____ Relation_____

Adresse _____

Tél C _____ M _____ T_____

Courriel 1 _____ 2 _____

Nom _____ Relation_____

Adresse _____

Tél C _____ M _____ T_____

Courriel 1 _____ 2 _____

Nom _____ Relation_____

Adresse _____

Tél C _____ M _____ T_____

Courriel 1 _____ 2 _____

Nom _____ Relation_____

Adresse _____

Tél C _____ M _____ T_____

Courriel 1 _____ 2 _____

Notes_____

_____

_____

AIDES-SOIGNANTS
Personnes qui vous assistent

Nom de l'organisation _____

Tél _____ Courriel _____

Aidant 1_____

Tél _____ Courriel _____

Nom de l'entreprise _____

Tél _____ Courriel _____

Aidant 2_____

Tél _____ Courriel _____

DÉLÉGUÉS PERSONNELS
Personnes qui s'occupent de vos affaires

Exécuteur testamentaire/liquidateur _____

Adresse _____

Tél C_____ M _____ T _____

Courriel 1 _____ 2 _____

Autre contact info _____

Procureur_____

Adresse _____

Tél C_____ M _____ T _____

Courriel 1 _____ 2 _____

Autre contact info _____

Notes_____

_____

_____

_____

DÉLÉGUÉS PERSONNELS *Personnes qui s'occupent de vos affaires*

Mandataire (soins de santé/finances QC) _____

Adresse _____

Tél C_____ M _____ T_____

Courriel 1 _____ 2 _____

Autre contact info _____

Mandataire (santé/finances hors du QC)_____

Adresse _____

Tél C_____ M _____ T_____

Courriel 1 _____ 2 _____

Autre contact info _____

PROFESSIONNELS DE LA SANTÉ

Incrivez vos médecins, thérapeutes, dentistes, pharmaciens

Fournisseur _____

Profession/Nom _____

Tél T_____ poste _____C_____

Courriel 1 _____ 2 _____

Adresse _____

Fournisseur _____

Profession/Nom _____

Tél T_____ poste _____C_____

Courriel 1 _____ 2 _____

Adresse _____

Notes_____

_____

SANTÉ - CONSEILLERS PROFESSIONNELS *médecins, thérapeutes, dentistes, pharmaciens*

Fournisseur _____

Profession/Nom _____

Tél T _____ poste _____ C _____

Courriel 1 _____ 2 _____

Adresse _____

Fournisseur _____

Profession/Nom _____

Tél T _____ poste _____ C _____

Courriel 1 _____ 2 _____

Adresse _____

Fournisseur _____

Profession/Nom _____

Tél T _____ poste _____ C _____

Courriel 1 _____ 2 _____

Adresse _____

Fournisseur _____

Profession/Nom _____

Tél T _____ poste _____ C _____

Courriel 1 _____ 2 _____

Adresse _____

Notes _____

_____

_____

_____

SANTÉ CONSEILLERS PROFESSIONNELS *médecins, thérapeutes, dentistes, pharmaciens*

Fournisseur _____

Profession/Nom _____

Tél T _____ poste _____ C _____

Courriel 1 _____ 2 _____

Adresse _____

CONSEILLERS FINANCIERS PROFESSIONNELS *Inscrivez votre contact à votre succursale, vos comptable/spécialiste en déclaration fiscale et conseiller financier*

Fournisseur _____

Profession/Nom _____

Tél T _____ poste _____ C _____

Courriel 1 _____ 2 _____

Adresse _____

Fournisseur _____

Profession/Nom _____

Tél T _____ poste _____ C _____

Courriel 1 _____ 2 _____

Adresse _____

Fournisseur _____

Profession/Nom _____

Tél T _____ poste _____ C _____

Courriel 1 _____ 2 _____

Adresse _____

Notes _____

_____

CONSEILLERS JURIDIQUES PROFESSIONNELS
Inscrivez vos avocat, notaire et autres professionnels du droit

Fournisseur _____

Profession/Nom _____

Tél T _____ poste _____ C _____

Courriel 1 _____ 2 _____

Adresse _____

Provider _____

Fournisseur _____

Profession/Nom _____

Tél T _____ poste _____ C _____

Courriel 1 _____ 2 _____

Adresse _____

Fournisseur _____

Profession/Nom _____

Tél T _____ poste _____ C _____

Courriel 1 _____ 2 _____

Adresse _____

Fournisseur _____

Profession/Nom _____

Tél T _____ poste _____ C _____

Courriel 1 _____ 2 _____

Adresse _____

Notes _____

_____

_____

EMPLOYEUR
Votre patron ou le gestionnaire des ressources humaines

Nom de l'entreprise _____

Nom du contact _____

Tél T _____ poste _____ C _____

Courriel 1 _____ 2 _____

Votre fonction _____

AFFILIATION RELIGIEUSE/SPIRITUELLE
Inscrivez votre lieu de culte et votre conseiller spirituel

Nom _____ Relation _____

Adresse _____

Tél T _____ poste _____ C _____

Courriel 1 _____ 2 _____

AFFILIATION DES ORGANISMES DE BIENFAISANCE/BÉNÉVOLAT
Inscrivez les organisations et les contacts

Nom _____ Relation _____

Adresse _____

Tél T _____ poste _____ C _____

Courriel 1 _____ 2 _____

Nom _____ Relation _____

Adresse _____

Tél T _____ poste _____ C _____

Courriel 1 _____ 2 _____

Notes _____

_____

_____

CLUBS
Exemple: Sport, couture, lecture, ornithologie, autres loisirs

Club _____ Genre _____

Contact _____

Tél T _____ poste _____ C _____

Courriel 1 _____ 2 _____

Club _____ Genre _____

Contact _____

Tél T _____ poste _____ C _____

Courriel 1 _____ 2 _____

Club _____ Genre _____

Contact _____

Tél T _____ poste _____ C _____

Courriel 1 _____ 2 _____

ANIMAUX DE COMPAGNIE
Vos compagnons

Nom de l'animal _____

Type/Race _____

Date de naissance/âge _____

Nom du vétérinaire _____

Tél T _____ poste _____ C _____

Soigneur animalier _____

Tél C _____ M _____ T _____

Notes sur les soins et l'alimentation _____

_____

Informations médicales _____

ANIMAUX DE COMPAGNIE *vos compagnons*

Nom de l'animal _____

Type/Race _____

Date de naissance/âge _____

Nom du vétérinaire _____

Tél T _____ poste _____ C _____

Soigneur animalier _____

Tél C _____ M _____ T _____

Notes sur les soins et l'alimentation _____

_____

Informations médicales _____

Nom de l'animal _____

Type/Race _____

Date de naissance/âge _____

Nom du vétérinaire _____

Tél T _____ poste _____ C _____

Soigneur animalier _____

Tél C _____ M _____ T _____

Notes sur les soins et l'alimentation _____

_____

Informations médicales _____

Notes _____

_____

_____

_____

_____

Dernière mise à jour de cette section : _____

DOCUMENTS DE SOINS ET DE SUCCESSION *Inscrivez où se trouvent vos documents importants relatifs aux soins de santé et à la succession*

Procuration _____

Mandat de protection (QC) _____

Procuration de soins de santé (hors QC) _____

Testament et tout **codicille** _____

NPR _____

HIPAA et/ou **POLST** (É.-U.) _____

Autre _____

DOCUMENTS D'ÉTAT CIVIL

Inscrivez où se trouvent vos certificats de naissance, de mariage, de divorce et de décès

Certificat de **naissance** _____

Certificat de **citoyenneté** _____

Certificat de **mariage** _____

Documents de **divorce** _____

Certificats de **décès** (du conjoint ou d'un enfant) _____

Documents **d'adoption** _____

Autre _____

DOCUMENTS PERSONNELS
Inscrivez où se trouvent vos cartes importantes et vos passeports

Permis de **conduire/immatriculation** _____ N° _____

Carte **d'assurance sociale** _____ N° _____

Carte de **sécurité sociale** (É.-U.) _____ N° _____

Toute autre **carte de nationalité** _____ N° _____

Passeport(s) _____ N° _____

Cartes **Nexus/Voyageurs dignes de confiance** _____ N° _____

_____

NPR - Ne pas réanimer | **POLST** - Physician Orders for Life-Sustaining Treatment
HIPAA - Health Insurance Portability and Accountability Act

DOCUMENTS PERSONNELS *Inscrivez où se trouvent vos cartes importantes et vos passeports*

Cartes **d'assurance maladie/d'hôpital** _____ Nº _____

Cartes **d'assurance médicale** _____ Nº _____

Autre _____

DISPOSITIONS LÉGALES/FINANCIÈRES *Inscrivez où se trouvent vos documents de fiducie et vos documents de tutelle pour les enfants mineurs*

Documents de **fiducie** _____

Documents de **tutelle pour les enfants mineurs** _____

Autre _____

SOURCES DE REVENUS
Inscrivez où se trouvent vos contrats et documents relatifs aux revenus

Documents relatifs au r**égime de retraite** _____

Documents relatifs aux **rentes** avec info de contact _____

Contrats de **pension provinciaux, fédéraux et étrangers** _____

Autre _____

DOSSIERS FINANCIERS
Inscrivez où se trouvent vos états financiers et dossiers connexes

Documents et relevés **de placements** _____

Documents et relevés **bancaires** _____

Emprunt: argent que vous devez _____

Prêt: argent qui vous est dû _____

DOCUMENTS D'AFFAIRES
Inscrivez où se trouvent vos plans pour l'avenir de votre entreprise

Plan de **succession de l'entreprise** _____

Autre _____

_____

Dernière mise à jour de cette section :_____

COMPTES BANCAIRES
Vos banques, caisses populaires et leurs succursales

Nom de la banque _____ Nº de succursale _____

Nº de compte _____ Type _____

Contact 1 _____ 2 _____

Tél T _____ poste _____

Nom de la banque _____ Nº de succursale _____

Nº de compte _____ Type _____

Contact 1 _____ 2 _____

Tél T _____ poste _____

Nom de la banque _____ Nº de succursale _____

Nº de compte _____ Type _____

Contact 1 _____ 2 _____

Tél T _____ poste _____

Nom de la banque _____ Nº de succursale _____

Nº de compte _____ Type _____

Contact 1 _____ 2 _____

Tél T _____ poste _____

REVENUS
Inscrivez vos revenus professionnels

Source 1 _____ Salaire _____

Contact_____ Tél_____

Dépot automatique au compte _____ Nº de compte _____

Notes _____

_____

REVENUS *Inscrivez vos revenus professionnels*

Source 2 _____ Salaire _____

Contact _____ Tél _____

Dépot automatique au compte _____ Nº de compte _____

REVENUS D'ACTIVITÉ COMMERCIALE EN LIGNE
Exemple: YouTube, eBay, Amazon, Etsy, PayPal et autres coptes de revenus en ligne

Entriprise 1 _____ Nº de compte _____

Infos contact _____

Entriprise 2 _____ Nº de compte _____

Infos contact _____

Entriprise 3 _____ Nº de compte _____

Infos contact _____

Entriprise 4 _____ Nº de compte _____

Infos contact _____

RÉGIME DE RETRAITE
Inscrivez les régimes de retraite de vos employeurs

Payeur _____ Nº de compte _____

Contact _____ Tél _____

Dépot automatique au compte _____ Nº de compte _____

Payeur _____ Nº de compte _____

Contact _____ Tél _____

Dépot automatique au compte _____ Nº de compte _____

RÉGIME DE RETRAITE *Inscrivez les régimes de retraite de vos employeurs*

Payeur _____ N° de compte _____

Contact _____ Tél _____

Dépot automatique au compte _____ N° de compte _____

REVENUS DU GOUVERNEMENT
Inscrivez vos pensions fédérales, provinciales et américaines (États)

Prov./État _____ N° de compte _____

Contact _____ Tél _____

Dépot automatique au compte _____ N° de compte _____

FÉDÉRALE _____ N° de compte _____

Contact _____ Tél _____

Dépot automatique au compte _____ N° de compte _____

Étrangères (pays) _____ N° de compte _____

Contact _____ Tél _____

Dépot automatique au compte _____ N° de compte _____

RENTES
Inscrivez les sources de vos rentes

Payeur _____ N° de compte _____

Contact _____ Tél _____

Dépot automatique au compte _____ N° de compte _____

Payeur _____ N° de compte _____

Contact _____ Tél _____

Dépot automatique au compte _____ N° de compte _____

REVENUS DU RÉGIME DE RETRAITE
Inscrivez vos fonds enregistrés de revenu de retraite: FERR, FRII, FRV, IRA, Keogh, autres

PLAN _____ N° de compte _____

Payeur _____ Tél _____

Dépot automatique au compte _____ N° de compte _____

PLAN _____ N° de compte _____

Payeur _____ Tél _____

Dépot automatique au compte _____ N° de compte _____

PLAN _____ N° de compte _____

Payeur _____ Tél _____

Dépot automatique au compte _____ N° de compte _____

PLAN _____ N° de compte _____

Payeur _____ Tél _____

Dépot automatique au compte _____ N° de compte _____

VOITURES ET AUTRES VÉHICULES
Inscrivez vos voitures, camions, véhicules récréatifs (y compris les VR) et autres

Véhicule 1 _____ N° Plaque _____

Prêt/bail _____ Tél _____

Véhicule 2 _____ N° Plaque _____

Prêt/bail _____ Tél _____

Véhicule 3 _____ N° Plaque _____

Prêt/bail _____ Tél _____

Véhicule 4 _____ N° Plaque _____

Prêt/bail _____ Tél _____

PLACEMENTS ET INVESTISSEMENTS
Inscrivez vos différents biens de placement, immobiliers et autres possessions

Biens Immobiliers Résidence principale _____

Adresse _____

Administrateur (le cas échéant) _____ Contact _____

Tél T _____ poste _____ C _____

Où se trouvent les titres et autres documents _____

Prêteur hypothécaire_____ Contact _____

Tél T _____ poste _____ C _____

Frais de condo _____ Administrateur_____

N° de compte _____ Contact _____ Tél _____

Taxe foncière 1 _____ Ville_____

N° de compte _____ Contact _____ Tél _____

Taxe scolaire 1 _____ Ville_____

N° de compte _____ Contact _____ Tél _____

Biens Immobiliers Résidences secondaires _____

Adresse _____

Administrateur (le cas échéant) _____ Contact _____

Tél T _____ poste _____ C _____

Où se trouvent les titres et autres documents _____

Prêteur hypothécaire_____ Contact _____

Tél T _____ poste _____ C _____

Frais de condo _____ Administrateur_____

N° de compte _____ Contact _____ Tél _____

Taxe foncière 2_____ Ville_____

N° de compte _____ Contact _____ Tél _____

PLACEMENTS ET INVESTISSEMENTS *différents biens de placement, immobiliers et autres possessions*

Taxe scolaire 2 _____ Ville _____

Nº de compte _____ Contact _____ Tél _____

Placements en biens immobiliers _____

Adresse _____

Administrateur (le cas échéant) _____ Contact _____

Tél T _____ poste _____ C _____

Où se trouvent les titres et autres documents _____

Prêteur hypothécaire _____ Contact _____

Tél T _____ poste _____ C _____

Frais de condo _____ Administrateur _____

Nº de compte _____ Contact _____ Tél _____

Taxe foncière 3 _____ Ville _____

Nº de compte _____ Contact _____ Tél _____

Taxe scolaire 3 _____ Ville _____

Nº de compte _____ Contact _____ Tél _____

COMMPTES DE PLACEMENT
Inscrivez vos plans d'investissement ouvert (non enregistrés)

Maison de courtage _____

Contact _____ Nº de compte _____

Tél T _____ poste _____ C _____

Courriel 1 _____ 2 _____

Maison de courtage _____

Contact _____ Nº de compte _____

Tél T _____ poste _____ C _____

Courriel 1 _____ 2 _____

PLACEMENTS ET INVESTISSEMENTS
différents biens de placement, immobiliers et autres possessions

Mobilier_____

Où se trouve la liste d'inventaires _____

Liste des évaluations_____

Documents de provenance _____

Endroit _____

Contact pour la disposition _____

Tél T _____ poste _____ C_____

Oeuvres d'art _____

Où se trouve la liste d'inventaires _____

Liste des évaluations_____

Documents de provenance _____

Contact pour la disposition _____

Tél T _____ poste _____ C_____

Timbres/monnaie _____

Liste des évaluations_____

Documents de provenance _____

Localisation _____

Contact pour la disposition _____

Tél T _____ poste _____ C_____

Notes_____

_____

_____

_____

_____

_____

PLACEMENTS ET INVESTISSEMENTS *différents biens de placement, immobiliers et autres possessions*

Bijoux _____

Où se trouve la liste d'inventaires _____

Liste des évaluations_____

Documents de provenance _____

Localisation _____

Contact pour la disposition _____

Tél T _____ poste _____C_____

Autre _____

Description_____

Liste des évaluations_____

Documents de provenance _____

Localisation _____

Contact pour la disposition _____

Tél T _____ poste _____C_____

POLICES D'ASSURANCE
Inscrivez vos polices d'assurance : vie, santé, voyage, hypothèque et autres

Type _____ N° de police _____

Assureur _____

Contact_____ Tél_____

Type _____ N° de police _____

Assureur _____

Contact_____ Tél_____

Notes _____

_____

_____

POLICES D'ASSURANCE   *Inscrivez vos polices d'assurance : vie, santé, voyage, hypothèque et autres*

Type _____ Nº de police _____

Assureur _____

Contact_____ Tél_____

Type _____ Nº de police _____

Assureur _____

Contact_____ Tél_____

Type _____ Nº de police _____

Assureur _____

Contact_____ Tél_____

CARTES D'ADHÉSION ET DE FIDÉLITÉ
Exemple: Air Miles, Aeroplan, Optimum, ACA ou AAA et autres

Carte 1 _____ Nº de compte _____

Contact_____ Tél_____

Carte 2 _____ Nº de compte _____

Contact_____ Tél_____

Carte 3 _____ Nº de compte _____

Contact_____ Tél_____

Carte 4 _____ Nº de compte _____

Contact_____ Tél_____

Carte 5 _____ Nº de compte _____

Contact_____ Tél_____

CARTES D'ADHÉSION ET DE FIDÉLITÉ   *Exemple: Air Miles, Aeroplan, Optimum, ACA ou AAA et autres*

Carte 6 _____ N° de compte _____

Contact _____ Tél _____

Carte 7 _____ N° de compte _____

Contact _____ Tél _____

Carte 8 _____ N° de compte _____

Contact _____ Tél _____

Carte 9 _____ N° de compte _____

Contact _____ Tél _____

Carte 10 _____ N° de compte _____

Contact _____ Tél _____

CARTES DE TRANSPORT
Exemple: Autobus/metro, trains

Carte 1 _____ N° de compte _____

Contact _____ Tél _____

Carte 2 _____ N° de compte _____

Contact _____ Tél _____

Notes _____

_____

_____

_____

_____

_____

Dernière mise à jour de cette section : _____

MARGE DE CRÉDIT
Inscrivez les détails de vos marges de crédit

Banque _____ N° de compte _____

Contact _____ Tél _____

Banque _____ N° de compte _____

Contact _____ Tél _____

PRÊTS PERSONNELS
Inscrivez les emprunts en cours autres que l'hypothèque

Type _____ N° de compte _____

Prêteur _____ Tél _____

Type _____ N° de compte _____

Prêteur _____ Tél _____

PRINCIPALES CARTES DE CRÉDIT
Exemple: Visa, MasterCard, American Express, Discovery et autres

Carte 1 _____ No de compte _____

Contact _____ Tél _____

Carte 2 _____ No de compte _____

Contact _____ Tél _____

Carte 3 _____ No de compte _____

Contact _____ Tél _____

CARTES DE MAGASINS
Exemple: Home Depot, Walmart, cartes PC et autres

Magasin 1 _____ No de compte _____

Contact _____ Tél _____

CARTES DE MAGASINS *Exemple: Home Depot, Walmart, cartes PC et autres*

Magasin 2_____ N° de compte _____

Contact_____ Tél_____

Magasin 3_____ N° de compte _____

Contact_____ Tél_____

ACOMPTES PROVISIONNELS - IMPÔTS

Revenu Québec _____ NAS _____

Contact_____ Tél_____

Agence du revenu du Canada _____ NAS _____

Contact_____ Tél_____

Internal Revenue Service (US) _____ SSN _____

Contact_____ Tél_____

State Revenue Department (US) _____ SSN _____

Contact_____ Tél_____

SERVICES PUBLICS
Inscrivez vos factures régulières de services publics

Electricité_____ Société_____

N° de compte _____ Tél _____

Gaz_____ Société_____

N° de compte _____ Tél _____

Eau _____ Société_____

N° de compte _____ Tél _____

SERVICES PUBLICS   *Inscrivez vos factures régulières de services publics*

Mazout _____ Société _____

N° de compte _____ Tél _____

Autre _____ Société _____

N° de compte _____ Tél _____

LOGEMENTS ET PROPRIÉTÉS LOUÉES
Inscrivez vos résidence principale et secondaire louées

Location 1 _____

Propriétaire _____ Tél _____

N° de compte _____ Contact _____ Tél _____

Location 2 _____

Propriétaire _____ Tél _____

N° de compte _____ Contact _____ Tél _____

COMMUNICATION ET DIVERTISSEMENT
Inscrivez vos fournisseurs de téléphonie mobile, Internet, câble, satellite et diffuseur

Téléphone cellulaire _____ Fournisseur _____

N° de compte _____ Tél _____

Internet _____ Fournisseur _____

N° de compte _____ Tél _____

Câble/Satellite _____ Fournisseur _____

N° de compte _____ Tél _____

Notes _____

_____

_____

COMMUNICATION ET DIVERTISSEMENT
Inscrivez vos fournisseurs de téléphonie mobile, Internet, câble, satellite et streaming

Téléphone fixe _____ Fournisseur _____

Nº de compte _____ Tél _____

Diffuseur (en flux) _____ Fournisseur _____

Nº de compte _____ Tél _____

Autre _____ Fournisseur _____

Nº de compte _____ Tél _____

SERVICES
Inscrivez vos services de nettoyage, jardinage, déneigement, promenade de chien et autres

Service _____ Fournisseur _____

Nº de compte _____ Contact _____ Tél _____

Service _____ Fournisseur _____

Nº de compte _____ Contact _____ Tél _____

Service _____ Fournisseur _____

Nº de compte _____ Contact _____ Tél _____

Service _____ Fournisseur _____

Nº de compte _____ Contact _____ Tél _____

Notes _____

_____

_____

_____

_____

DONNÉES ET MATÉRIEL INFORMATIQUE
Inscrivez vos ordinateurs et appareils numériques

Ordinateur _____ Endroit _____

ID utilisateur _____ MDP _____

Cellulaire _____ Endroit _____

ID utilisateur _____ MDP _____

Portable _____ Endroit _____

ID utilisateur _____ MDP _____

Montre intelligente _____ Endroit _____

ID utilisateur _____ MDP _____

Tablette _____ Endroit _____

ID utilisateur _____ MDP _____

Lecteur multimédia 1 _____ Endroit _____

ID utilisateur _____ MDP _____

Lecteur multimédia 2 _____ Endroit _____

ID utilisateur _____ MDP _____

Lecteur de livres numériques _____ Endroit _____

ID utilisateur _____ MDP _____

Notes _____

_____

_____

_____

SITES WEB *Inscrivez toutes vos applications, adresses de sites Web et infos-utilisateur*

NOM DU SITE/APP _____

Adresse web (URL) _____

ID utilisateur _____ MDP _____

Sécurité **Q 1**_____ **R 1** _____

Sécurité **Q 2**_____ **R 2** _____

Sécurité **Q 3**_____ **R 3** _____

NOM DU SITE/APP _____

Adresse web (URL) _____

ID utilisateur _____ MDP _____

Sécurité **Q 1**_____ **R 1** _____

Sécurité **Q 2**_____ **R 2** _____

Sécurité **Q 3**_____ **R 3** _____

NOM DU SITE/APP _____

Adresse web (URL) _____

ID utilisateur _____ MDP _____

Sécurité **Q 1**_____ **R 1** _____

Sécurité **Q 2**_____ **R 2** _____

Sécurité **Q 3**_____ **R 3** _____

NOM DU SITE/APP _____

Adresse web (URL) _____

ID utilisateur _____ MDP _____

Sécurité **Q 1**_____ **R 1** _____

Sécurité **Q 2**_____ **R 2** _____

Sécurité **Q 3**_____ **R 3** _____

SITES WEB *Inscrivez toutes vos applications, adresses de sites Web et infos-utilisateur*

NOM DU SITE/APP _____

Adresse web (URL) _____

ID utilisateur _____ MDP _____

Sécurité **Q 1**_____**R 1** _____

Sécurité **Q 2**_____**R 2** _____

Sécurité **Q 3**_____**R 3** _____

NOM DU SITE/APP _____

Adresse web (URL) _____

ID utilisateur _____ MDP _____

Sécurité **Q 1**_____**R 1** _____

Sécurité **Q 2**_____**R 2** _____

Sécurité **Q 3**_____**R 3** _____

NOM DU SITE/APP _____

Adresse web (URL) _____

ID utilisateur _____ MDP _____

Sécurité **Q 1**_____**R 1** _____

Sécurité **Q 2**_____**R 2** _____

Sécurité **Q 3**_____**R 3** _____

NOM DU SITE/APP _____

Adresse web (URL) _____

ID utilisateur _____ MDP _____

Sécurité **Q 1**_____**R 1** _____

Sécurité **Q 2**_____**R 2** _____

Sécurité **Q 3**_____**R 3** _____

SITES WEB *Inscrivez toutes vos applications, adresses de sites Web et infos-utilisateur*

NOM DU SITE/APP _____

Adresse web (URL) _____

ID utilisateur _____ MDP _____

Sécurité **Q 1**_____ **R 1** _____

Sécurité **Q 2**_____ **R 2** _____

Sécurité **Q 3**_____ **R 3** _____

NOM DU SITE/APP _____

Adresse web (URL) _____

ID utilisateur _____ MDP _____

Sécurité **Q 1**_____ **R 1** _____

Sécurité **Q 2**_____ **R 2** _____

Sécurité **Q 3**_____ **R 3** _____

NOM DU SITE/APP _____

Adresse web (URL) _____

ID utilisateur _____ MDP _____

Sécurité **Q 1**_____ **R 1** _____

Sécurité **Q 2**_____ **R 2** _____

Sécurité **Q 3**_____ **R 3** _____

NOM DU SITE/APP _____

Adresse web (URL) _____

ID utilisateur _____ MDP _____

Sécurité **Q 1**_____ **R 1** _____

Sécurité **Q 2**_____ **R 2** _____

Sécurité **Q 3**_____ **R 3** _____

SITES WEB *Inscrivez toutes vos applications, adresses de sites Web et infos-utilisateur*

NOM DU SITE/APP _____

Adresse web (URL) _____

ID utilisateur _____ MDP _____

Sécurité **Q 1**_____ **R 1** _____

Sécurité **Q 2**_____ **R 2** _____

Sécurité **Q 3**_____ **R 3** _____

NOM DU SITE/APP _____

Adresse web (URL) _____

ID utilisateur _____ MDP _____

Sécurité **Q 1**_____ **R 1** _____

Sécurité **Q 2**_____ **R 2** _____

Sécurité **Q 3**_____ **R 3** _____

NOM DU SITE/APP _____

Adresse web (URL) _____

ID utilisateur _____ MDP _____

Sécurité **Q 1**_____ **R 1** _____

Sécurité **Q 2**_____ **R 2** _____

Sécurité **Q 3**_____ **R 3** _____

NOM DU SITE/APP _____

Adresse web (URL) _____

ID utilisateur _____ MDP _____

Sécurité **Q 1**_____ **R 1** _____

Sécurité **Q 2**_____ **R 2** _____

Sécurité **Q 3**_____ **R 3** _____

SITES WEB *Inscrivez toutes vos applications, adresses de sites Web et infos-utilisateur*

NOM DU SITE/APP _____

Adresse web (URL) _____

ID utilisateur _____ MDP _____

Sécurité **Q 1**_____ **R 1** _____

Sécurité **Q 2**_____ **R 2** _____

Sécurité **Q 3**_____ **R 3** _____

NOM DU SITE/APP _____

Adresse web (URL) _____

ID utilisateur _____ MDP _____

Sécurité **Q 1**_____ **R 1** _____

Sécurité **Q 2**_____ **R 2** _____

Sécurité **Q 3**_____ **R 3** _____

NOM DU SITE/APP _____

Adresse web (URL) _____

ID utilisateur _____ MDP _____

Sécurité **Q 1**_____ **R 1** _____

Sécurité **Q 2**_____ **R 2** _____

Sécurité **Q 3**_____ **R 3** _____

NOM DU SITE/APP _____

Adresse web (URL) _____

ID utilisateur _____ MDP _____

Sécurité **Q 1**_____ **R 1** _____

Sécurité **Q 2**_____ **R 2** _____

Sécurité **Q 3**_____ **R 3** _____

SITES WEB *Inscrivez toutes vos applications, adresses de sites Web et infos-utilisateur*

NOM DU SITE/APP _____

Adresse web (URL) _____

ID utilisateur _____ MDP _____

Sécurité **Q 1**_____ **R 1** _____

Sécurité **Q 2**_____ **R 2** _____

Sécurité **Q 3**_____ **R 3** _____

NOM DU SITE/APP _____

Adresse web (URL) _____

ID utilisateur _____ MDP _____

Sécurité **Q 1**_____ **R 1** _____

Sécurité **Q 2**_____ **R 2** _____

Sécurité **Q 3**_____ **R 3** _____

NOM DU SITE/APP _____

Adresse web (URL) _____

ID utilisateur _____ MDP _____

Sécurité **Q 1**_____ **R 1** _____

Sécurité **Q 2**_____ **R 2** _____

Sécurité **Q 3**_____ **R 3** _____

NOM DU SITE/APP _____

Adresse web (URL) _____

ID utilisateur _____ MDP _____

Sécurité **Q 1**_____ **R 1** _____

Sécurité **Q 2**_____ **R 2** _____

Sécurité **Q 3**_____ **R 3** _____

SITES WEB *Inscrivez toutes vos applications, adresses de sites Web et infos-utilisateur*

NOM DU SITE/APP _____

Adresse web (URL) _____

ID utilisateur _____ MDP _____

Sécurité **Q 1**_____ **R 1** _____

Sécurité **Q 2**_____ **R 2** _____

Sécurité **Q 3**_____ **R 3** _____

NOM DU SITE/APP _____

Adresse web (URL) _____

ID utilisateur _____ MDP _____

Sécurité **Q 1**_____ **R 1** _____

Sécurité **Q 2**_____ **R 2** _____

Sécurité **Q 3**_____ **R 3** _____

NOM DU SITE/APP _____

Adresse web (URL) _____

ID utilisateur _____ MDP _____

Sécurité **Q 1**_____ **R 1** _____

Sécurité **Q 2**_____ **R 2** _____

Sécurité **Q 3**_____ **R 3** _____

NOM DU SITE/APP _____

Adresse web (URL) _____

ID utilisateur _____ MDP _____

Sécurité **Q 1**_____ **R 1** _____

Sécurité **Q 2**_____ **R 2** _____

Sécurité **Q 3**_____ **R 3** _____

OBJETS AYANT UNE VALEUR MONÉTAIRE
Inscrivez vos biens de valeur et notez ceux que vous désirez donner et à qui

Objet _____   Endroit _____

Nom _____   Cadeau (O)_____ (N) _____

Contact_____   Tél _____

Objet _____   Endroit _____

Nom _____   Cadeau (O)_____ (N) _____

Contact_____   Tél _____

Objet _____   Endroit _____

Nom _____   Cadeau (O)_____ (N) _____

Contact_____   Tél _____

Objet _____   Endroit _____

Nom _____   Cadeau (O)_____ (N) _____

Contact_____   Tél _____

OÙ ET COMMENT VENDRE   *Indiquez votre méthode de vente préférée*

Vente directe_____   Évaluation _____

Vente par intermédiare _____

Contact_____   Tél _____

Vente aux enchères _____   Évaluation _____

Maison de vente aux enchères _____

Contact_____   Tél _____

Consignation_____   Évaluation _____

Magasin _____

Contact_____   Tél _____

OBJETS *Indiquez votre méthode préférée de vente ou de distribution*

Meubles de collection _____

_____

_____

_____

_____

_____

Oeuvres d'art _____

_____

_____

_____

_____

_____

Bijoux _____

_____

_____

_____

_____

_____

Livres de collection_____

_____

_____

_____

_____

_____

OBJETS *Indiquez votre méthode préférée de vente ou de distribution*

Collection de timbres et de pièces de monnaie _____

_____

_____

_____

_____

_____

Vêtements griffés _____

_____

_____

_____

_____

_____

Autres objets vendables (ex.: modèles réduits) _____

_____

_____

_____

_____

_____

Notes _____

_____

_____

_____

OBJETS SANS VALEUR MONÉTAIRE *Inscrivez la méthode de distribution ou d'élimination préférée : cadeau, don, vente de succession/garage, vente en ligne, Freecycle, rebuts, recyclage, etc.*

Mobilier_____

_____

_____

Vêtements _____

_____

Bijoux de fantaisie_____

_____

Décorations: tableaux, bibelots _____

_____

_____

Livres_____

_____

_____

Articles de cuisine/appareils ménagers_____

_____

Électronique _____

_____

_____

Objets issus de passe-temps/accessoires _____

_____

_____

DERNIÈRES VOLONTÉS
Détails à remplir par votre exécuteur testamentaire/liquidateur

Date du décès _____

Lieu du décès _____

Don d'organes _____

DISPOSITIONS POUR LE DERNIER REPOS
Inscrivez votre choix: inhumation, incinération ou autre disposition

Inhumation _____ **incinération** _____ **Autre** _____

Salon funéraire_____

Contact_____ _____

Tél T _____ poste _____C _____

Courriel 1 _____ 2 _____

Don à la science_____

Contact_____ _____

Tél T _____ poste _____C _____

Courriel 1 _____ 2 _____

Autre _____

Type de disposition _____

Contact_____ _____

Tél T _____ poste _____C _____

Courriel 1 _____ 2 _____

Notes_____

_____

_____

_____

_____

CÉLÉBRATION DES FUNÉRAILLES
Instructions spéciales pour votre dernier adieu

Célébrant _____

_____

Éloge(s) funèbre(s) _____

_____

Annonces _____

_____

Nécrologie _____

_____

Cérémonie _____

_____

Musique _____

_____

Présentation _____

_____

Gestion des dons _____

_____

Invitations _____

_____

Rencontre sociale _____

_____

Souhaits particuliers _____

_____

_____

_____

_____

_____

QUI PRÉVENIR LORS DU DÉCÈS
Inscrivez vos comptes de services publics et autres

Services publics _____ N° de compte _____

Contact_____ Tél_____

Services publics _____ N° de compte _____

Contact_____ Tél_____

Services publics _____ N° de compte _____

Contact_____ Tél_____

Services publics _____ N° de compte _____

Contact_____ Tél_____

Internet _____ N° de compte _____

Contact_____ Tél_____

Télévision _____ N° de compte _____

Contact_____ Tél_____

Tél. cellulaire _____ N° de compte _____

Contact_____ Tél_____

Téléphone _____ N° de compte _____

Contact_____ Tél_____

AGENCES GOUVERNEMENTALES *Inscrivez les comptes de Service Canada et autres*

Service Canada (SV, SRG, RPC) _____ NAS_____

Tél _____ Site Web _____

Retraite Québec (RRQ) _____

Tél _____ Site Web _____

Social Security (É.-U.) _____ SSN_____

Tél _____

Notes _____

_____

SV - Sécurité de la vieillesse | **SRG** - Supplément de revenu garanti
RPC - Régime de pensions du Canada | **RRQ** - Régime de rentes du Québec

PAGES SUPPLÉMENTAIRES

Inscrivez ici les informations additionnelles d'une liste ou créez vos propres catégories

Dernière mise à jour de cette section : _____

PAGES SUPPLÉMENTAIRES

Inscrivez ici les informations additionnelles d'une liste ou créez vos propres catégories

PAGES SUPPLÉMENTAIRES

Inscrivez ici les informations additionnelles d'une liste ou créez vos propres catégories

PAGES SUPPLÉMENTAIRES

Inscrivez ici les informations additionnelles d'une liste ou créez vos propres catégories

Références

On trouve beaucoup d'information en ligne sur le règlement successoral. L'Agence du revenu du Canada (ARC) offre une liste de liens de ressources en ligne pour chaque province sur son site web (https://www.canada.ca/fr/agence-revenu.html). L'ARC propose également un document général sur la marche à suivre lors d'un décès. Vous y trouverez en outre la liste des fonctions d'un exécuteur testamentaire ou d'un liquidateur, selon votre province, territoire ou état. Chaque province a également mis en ligne des renseignements pertinents. Le site de l'ARC a répertorié les liens vers le site de chaque province.

Chaque territoire a ses propres particularités et les lois peuvent changer avec le temps. Les références énumérées ici pourraient être désuètes au moment où vous les consulterez. Une recherche en ligne sera probablement la meilleure façon de trouver les ressources qui concernent votre province, région ou pays.

Aux États-Unis, l'Internal Revenue Service (IRS) a placé sur son site web (irs.gov) une vaste section sur les exigences successorales.

C'est un excellent point de départ. Les états individuels ont également leurs propres renseignements et certains donnent plus de détails que d'autres. Vous trouverez une bonne ressource pour entreprendre une recherche dans votre état à : https://statelaws.findlaw.com/. Vous pouvez faire une recherche par état pour trouver les renseignements disponibles en matière de succession. Les états n'offrent pas tous le même niveau d'information.

Si la succession qui vous concerne est très complexe, il pourrait être avantageux de faire appel à un professionnel. Un spécialiste en droit successoral (ou un notaire au Québec) et un bon comptable pourront vous faciliter la gestion du processus. Votre conseiller financier peut également vous être utile. Une fois que vous aurez fait vos recherches concernant votre succession, vous pourrez ajouter ces renseignements à votre carnet testamentaire.

Quelques Définitions

Voici la définition de quelques termes utilisés dans ce texte.

Procuration Une procuration est un document juridique que vous signez pour donner à une ou à plusieurs personnes le pouvoir de gérer votre argent et vos biens en votre nom. Au Canada, la personne que vous désignez est généralement appelée votre «procureur» ou votre «mandataire», selon le territoire, et n'est pas nécessairement un avocat ou un notaire.

Mandataire — Au Québec, le mandataire est la personne qui vous représente lorsqu'une incapacité vous empêche d'agir en votre propre nom. Dans d'autres territoires, ce rôle porte un nom différent, comme celui de mandataire pour vos soins de santé ou de finances.

Mandataire en soins de santé – Il s'agit de la personne qui prend les décisions relatives à votre santé en votre nom lorsque vous n'êtes plus en mesure de le faire.

Mandataire financier – Cette personne s'occupera de vos affaires financières conformément à votre autorisation.

Exécuteur testamentaire (liquidateur au Québec) – Votre exécuteur ou liquidateur est la personne ou l'organisme qui s'occupe de la disposition de votre succession après votre décès.

Testament et codicille – Votre testament est un acte authentifié par lequel vous déclarez vos dernières volontés. Vous y exposez explicitement ce que vous voulez qu'il advienne de vos biens et de votre argent. Un codicille est un addenda à un testament qui complète les dispositions du testament ou qui modifie explicitement certaines consignes du testament original. S'il existe un codicille, le testament et le codicille sont tous les deux requis pour régler une succession.

Notaire – Au Québec, le notaire est un officier public reconnu par l'État, habilité à légaliser et à rédiger des contrats et des actes devant revêtir un caractère authentique, à fournir des avis juridiques et à agir dans toute procédure … non contentieuse, telle que testament, contrats immobiliers ou autres. Dans d'autres territoires, vous aurez probablement recours à un avocat. Aux États-Unis, un «Notary Public» est une personne qui peut être témoin de signatures ou qui est autorisée à valider des documents. Au Canada, ce rôle est rempli par un commissaire à l'assermentation.

Remerciements

Ce guide, si bref soit-il, est l'aboutissement de nombreuses heures de travail et de la contribution de nombreux professionnels et consultants. J'ai une énorme dette de reconnaissance envers Susan Nichol de Nichol Services. Administratrice financière professionnelle, elle m'a motivée, non seulement à écrire ce livre, mais à poursuivre nos séminaires sur la planification de la vieillesse. Je suis également reconnaissante envers les clients que j'ai quittés en 2018, dont plusieurs sont demeurés de bons amis. Ils m'ont beaucoup appris sur les différentes façons de gérer nos problèmes financiers et de santé. Travailler avec eux m'a permis d'acquérir une toute nouvelle perspective. Merci également à Carol Adamakos, qui m'a fait l'honneur de reprendre ma clientèle, ce qui m'a permis de travailler sur ce projet.

Je suis très reconnaissant à Wendy Moenig, designer et collaboratrice, pour son énorme contribution à ce projet — une partie du contenu du livre, le titre ludique, ses merveilleuses illustrations (sans lesquelles le livre n'aurait pas pris forme), et ses dessins très personnels et expressifs pour le logo et cartes de visite pour catherinerahal.com. Je tiens aussi à remercier Joachim Moenig pour ses commentaires constructifs, pour la lecture de mes ébauches et afin que je puisse me concentrer sur ce qui était important.

Mes remerciements vont aussi à Pierre Fauteux, Claude Charland, Chantal Bouthat, Marc Charrette, Celine Pilon et Hakim SiAhmed pour leur précieux travail de traduction, de révision et pour leurs commentaires.

Un merci posthume à mon beau-frère, feu Mohieddine Abdelkader Rahal, qui nous a quittés beaucoup trop tôt. Sachant qu'il était gravement malade, il a préparé pour sa femme un carnet contenant les renseignements essentiels dont elle aurait besoin pour régler sa succession et assurer le bon fonctionnement du ménage familial. Le souvenir de ce carnet m'a motivée à écrire ce livre. Ce n'est pas le grand roman que je songeais à écrire il y a tant d'années, mais c'est néanmoins un travail que je devais faire.

Je suis redevable à Ross Whitaker qui a lu mon texte et m'a donné une perspective supplémentaire, à la fois sur sa structure et son contenu, alors que je travaillais sur les dernières versions.

Un gros merci à mon cher frère, Peter Schmitt, pour avoir été inlassablement attentionné et solidaire — tu as tant facilité le nettoyage de notre maison familiale. Nous avions convenu, il y a longtemps de ne jamais nous brouiller par rapport aux biens ou à l'argent et nous avons tenu promesse. Aucun mot désobligeant entre nous au cours de toute cette période difficile.

Je tiens également à souligner la place énorme qu'occupent dans ma vie et dans mon cœur ma belle-fille affectueuse et dévouée, Cindy, et les deux anges qui m'ont apporté tant de joie, mes petites-filles Leela et Aubry.

Ma plus grande reconnaissance va à mes fils, Jamal et Hakim — c'est pour vous que je prépare mon propre carnet testamentaire. Le décès précoce de votre père au jeune âge de 37 ans a été un événement déterminant pour nous tous. Vous étiez alors trop jeunes pour comprendre l'ampleur des difficultés qui en ont découlé. Le jour viendra où vous serez vous aussi aux prises avec mon désordre structuré et j'espère que ce carnet vous aidera à traverser cette épreuve en toute quiétude.

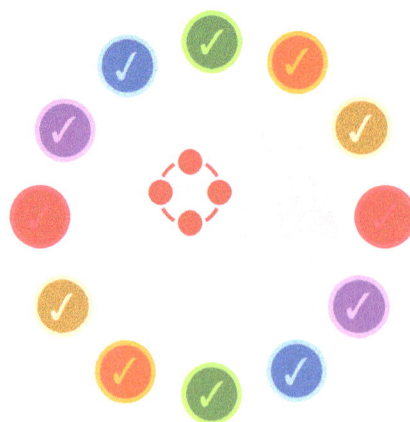

Biographie de l'auteure

Catherine Rahal est née en Allemagne, dans le Berlin ravagé de l'après-guerre. Elle a grandi dans l'est des États-Unis et avant d'accompagner son mari à Montréal en 1982, peu avant son décès prématuré. Tragédie personnelle et catastrophes financières de jeunesse l'ont motivée à travailler sans relâche en vue de devenir conseillère financière en 1991, carrière qu'elle a poursuivie jusqu'en 2018. Catherine est une écrivaine réputée. Ses chroniques sur les finances personnelles ont été publiées sur le site web Canoe Money et dans le quotidien The Montreal Gazette. Ses certifications en planification financière pour aînés lui ont permis d'élaborer des méthodes innovantes pour venir en aide aux gens qui, comme nous, atteignent un « certain âge ». Puisque la retraite n'est pas dans son avenir immédiat, le projet « Listes » a pris forme peu après qu'elle eut mis fin à sa carrière de conseillère financière. Malgré ce temps libre qu'elle peut désormais consacrer à sa famille, à ses amis et surtout à ses petits-enfants bien-aimés, elle travaille activement sur d'autres projets.

Biographie de la graphiste/collaboratrice

Wendy Moenig a une expérience de conception/rédaction/marketing à la radio, à la télévision, dans l'industrie cinématographique et dans le sport professionnel. Elle est diplômée du Emily Carr College of Art and Design et a étudié le journalisme au Southern Alberta Institute of Technology. Ce large éventail d'expériences lui a permis de trouver des solutions élégantes utilisant l'image et le texte pour raconter des histoires et partager des idées, l'une de ses passions depuis 30 ans. Son précédent poste de conceptrice graphique principale au sein d'une équipe canadienne de la LNH lui a permis de vanter visuellement le jeu du Canada. Elle a également travaillé en freelance pour des entreprises aussi diverses que la BC Film Commission, la Burnaby Fine Art Gallery et, en Ontario, Unposed Photography. Née et élevée dans le centre rural de l'Alberta, Wendy a vécu à Calgary, Victoria, Vancouver et Ottawa. Elle partage une maison avec son mari biologiste, au bord d'une rivière dans une ancienne ville industrielle pittoresque, dans l'est de l'Ontario.

www.ingramcontent.com/pod-product-compliance
Lightning Source LLC
Chambersburg PA
CBHW052350210326
41597CB00038B/6319